怪談最恐戦2021

怪談最恐戦実行委員会／編

竹書房
怪談
文庫

総勢約三八〇名余りが参加した日本最大の怪談コンテスト〈怪談最恐戦2021〉

「日本で一番怖い怪談を語るのは誰だ⁉」をテーマに賞金百万円と「怪談最恐位」の称号を目指して、四回目となる怪談最恐戦2021の熱い戦いが今年も繰り広げられた。朗読部門も昨年に続き開催。本戦と合わせると約三八〇人が参加した日本最大の怪談イベントとなり、地獄の釜から溢れ出した様々な恐怖が現前した！

見事、最恐位に輝いたのは二年連続ファイナルの決勝ステージに進出して、昨年の雪辱を果たした田中俊行。その相手は惜しくも初出場初優勝はならなかった吉田猛々。そのほか、史上初の連覇はならなかった夜馬裕、毎回安定した好成績を収める匠平がベスト4入り。本書には彼ら四人の書き下ろし怪談を収録した。

また複数の応募可能な朗読部門、全応募作四三七の中からグランプリ、準グランプリ、特別賞に輝いた三作品はＹｏｕＴｕｂｅ「竹書房ホラーちゃんねる」（Ｐ８参照）で聴くことができる（そのほかの応募作品も近々、同じチャンネルにて再公開予定）。朗読部門で公募した怪談原作の中から受賞した五話と、怪談最恐戦投稿部門〈マンスリーコンテスト〉優秀作六話も掲載。

竹書房 Presents　怪談最恐戦HP　http://www.takeshobo.co.jp/sp/kaidansaikyosen/

今年の大会を通して感じたのは怪談のすそ野の広がりだ。怪談を読むだけでなく、怪談を書く、怪談を語る、怪談を朗読する。イベントに参加する、さらには怪談会を開催する、YouTube、ツイキャス、ClubhouseなどWEBのメディアで怖い話や動画を公開する、などなど多様なシーンで活躍、楽しんでいる怪談ファンを目撃した。

広がりという点では、従来からの怪談ファン、マニアだけでなく今大会には怪談を始めたばかりのビギナー、一般の方にも応募いただき、参加者の層の広がりも目立った。

また朗読部門では声優、ナレーター、俳優などの方々からの挑戦が目立った。

そんな怪談ムーブメントの色々な場所で、これまでには経験できなかった恐怖体験が生まれている。あなたも体験するかもしれない最新の怪談をこの文庫で味わっていただければ幸いである。

怪談最恐戦実行委員会

目次

怪談最恐戦
ファイナル怪談

歌声が聞こえる

インディ

　板東さんは、地方へ出張すると飲み歩くことを趣味にしているのですが、その日も何軒か飲み歩いた後、ホテルに帰ろうとした時に雑居ビルを発見したそうです。

　どうやら、その地下街で何軒かバーやスナックがやっているようだ、そう思って坂東さんは地下に下りて、この辺のスナックだったら面白そうだなと思い、物色をしてみたそうです。

　ところが、その地下街は一軒のバーしか営業していなかったため、仕方なくそのバーに入り、お酒を注文して飲み始めた。すると、

「歌声が聞こえませんか?」

　隣から声がかかる。びっくりして横を見ると、丸メガネをかけてスーツを着た若いサラリーマン風の男が、

「歌声が聞こえるでしょ？　ほら」

そんなふうに言ってくる。

確かに、耳を澄ますと、地下街の奥から華やかな女性の声が聞こえてくる。

シャンソンだろうか。その後に歓声と拍手が鳴り響く。

頭の中に（近くのスナックでカラオケショーかなにかをやっているのだろうか）と、そんなイメージが思い浮かんだ。

「楽しそうだなあ。一緒に見に行きませんか？」

丸メガネの男が坂東さんを誘う。

なぜか坂東さんも、確かにこんなにうまい歌声だったら近くで聞いてみたいし、どんな人なのか見てみたいなと思って、

「じゃあ一緒に行きますか」

と二人でバーを出た。

歌声のするほうへ歩いていくと、すぐに地下街の突き当たりに辿《たど》り着いてしまった。

そこには、何年も前につぶれたようなスナックが一軒あり、歌声はその店から聞こえていたようだった。

しかし気がつくと、歌声は聞こえなくなっていて、歓声や拍手もない。

沈黙の中、丸メガネの男と坂東さんは二人でスナックの前に佇《たたず》んでいた。

妙な居心地の悪さと、ここにいたらいけないのではないかという厭な心理が働いて、坂東さんは丸メガネの男に、

「もう歌声が聞こえなくなっているみたいだから、私、バーに戻りますよ?」

そう言って元のバーに戻った。

バーテンダーに、

「さっきの彼って常連? あの丸メガネでスーツを着た若い男」

そう言うと、バーテンダーはハッとなにかを察したように、

「ひょっとして、歌声が聞こえると言って店の外に連れ出して、つぶれたスナックの前に誘導する、丸メガネでスーツ姿の男のことを言っているのですか?」

「そうだよ」

そう答えた。

うなずくと、

「ウチに来るお客さんで、丸メガネでスーツの男に、つぶれたスナックに連れていか

れたって飛び込んでくるのがいるんだけど、おにいさんもそのクチですか。みんな、ウチの店で、丸メガネでスーツの男に〝歌声が聞こえる〟って誘導されたって言うんですよ。私はこの店長いですけど、そんな丸メガネでスーツの男見たことないですよ。それに大体、おにいさん、ウチの店に来るの初めてですよね？」

そう言われて坂東さんは我に返った。

確かにさっきのバーテンと違うし、店の雰囲気も違う。

背中から汗が噴き出して、どうもここにも居てはいけない、早く逃げなくちゃ、そんな心理が働いて、店を飛び出してホテルに帰ると倒れるように寝てしまったそうです。

坂東さんは、

「その次の日、目が覚めた時に思ったんだけど、俺、滅茶苦茶泥酔していて、それで悪夢を見たのか、もしくは本当に行っちゃいけないような場所に行ったのか、どうなのだろうかと考えちゃったんだよね」

そう私に言うんです。私が、

「そんなの簡単じゃないですか。もう一回、同じ雑居ビルの地下のバーに行って、そのバーテンがどっちか確認すればいいだけじゃないですか?」

そう言うと、その言葉を待っていたかのように、

「だからさ、先週の出張の時にその雑居ビルに行ってきたんだよ。そうしたら地下街の入り口から階段の途中までコンクリートが流し込まれていた。中に入れなかったんだよ。だからさ、きっと行っちゃいけない場所ってあるんだよ。相性が悪すぎて、行くとさ、なにもかも滅茶苦茶になっちゃう、そんな場所ってあるんだよ」

坂東さんは、私を諭《さと》すように――そう言いました。

屈んで笑え……

田中俊行

怪談仲間の小泉怪奇さんから聞いたお話。

これは二十年前ぐらいに、佐藤さんという男性が経験した話なんですけども、当時、三十歳だった佐藤さんは、急な腹痛に襲われたんですよ。これがトイレ行っても便が出るわけでもなく、なんとか薬で痛みをごまかして仕事していたらしいんですね。でも、どうしてもこれはダメだってなって、救急車を呼んだんですね。病院に搬送されて盲腸だということがわかって、一週間入院することになった。

病室は四人部屋で、入って向かって右の奥、窓沿いにあるベッドをあてがわれた。他に三人いたんですね、それが自分より年上だなとわかるぐらいの中年男性です。で、同室のよしみで「よろしくお願いします」と言ったんですけど、無愛想に会《え》釈《しゃく》するだけなんですね。

なんやねん、と思いながら、その夜、消灯になった。手術後だったので寝つけないなあと思ってベッドの中で焦《あせ》っていたら、

「へへへへへ……」

複数の笑い声が聞こえるんですよ。

なんやねんこれ、うるさいなあ、と思ったんですが、術後なんで体を起こせない。しんどいなあ、と思いながら眠れずにいて、結局朝までその笑い声が続いた。

翌日、文句を言ってやろうと思ったんですが、入院したばかりだし、元来気が弱いんですよ佐藤さん、だから我慢したんですよね。

その夜、また笑い声がする。

イライラして枕元の電気を点けて、体をなんとか起こすとシャッとカーテンを開けて顔を出したんです。

するとその同室の三人が、病室の中央に集まっている。

トライアングル状に向かい合って、屈んで床に顔を伏せながら、

「へへへへへ……」

と笑ってるんですよ。一瞬ギョッとしたんですが、

「すいません、ちょっとうるさいですよ」

注意をしたんですが、彼らは無視して「へへへへへへ……」と、まだ笑い続けている。

「いやちょっと、ええ加減にしろよ」

語気を荒げてると、笑いながらその三人が一斉に自分のほうをグッと向くんですよ。

彼らは真顔で、口から、

「へへへへへ……」

と笑い声だけがしている。

恐怖を感じて佐藤さん、慌ててカーテンを閉めると、布団をかぶって震えながら我慢したんです。

翌朝、看護師さんに相談したんです。

看護師さんは「まあ、色んな人いますからね」と相手にしてくれない。

でも今夜、また一緒のことがあったら、ナースコールしてその場で注意してもらおうと心に決めた。

そして夜になった。

笑い声が聞こえてくる——で、ナースコールを押したんですよね。

カーテン越しに外を見たら、やっぱり三人は中央の床にトライアングル状に屈んでいる。その時、ガーッと病室のドアが開いて看護師さんが入ってきた。

笑い声がピタッとやんだ。

あ、これ怒られるぞ怒られるぞ。

カッカッカッカッ……看護師さんの足音がする。彼らに注意する様子もなく、自分のカーテンがシャッと開いたんです。

「佐藤さん、体調崩されました？」

看護師さんが言う。

「いやいや違うがな、三人がうるさいんやって、注意してくれよ」

すると呆れたように、

「皆さん寝てますよ」

「いやそんなことない、注意せんのやったらもう部屋を替えてくれ」

看護師さんは、困った患者だなと呆れたように、露骨に嫌な顔をしたんですよね。

これはもう明日、けんかしてでも文句言ってやろう。そう思って、翌朝起きた瞬間、ギョッとした。ベッドの周りに同室の三人がいて、じいっと佐藤さんを見ている。

こうなると佐藤さんも気が萎《な》えてしまって、何も言えなかったらしいんですよね。退院までもうすぐやし、このままもう我慢しようと思った。その夜からは、声がしたら布団を被って我慢する——。

念願の退院当日、病室から去ろうとした時に、同室の三人がベッドから声をそろえて言ったんです。

「おまえ、なんで混ざらなかったんだよ。呪ってやるからな——」

退院して一週間後、自宅マンションのポストに宛先の住所も送り主の名も、何も書いてない封筒が届いた。

封を開けて入っていた便箋《びんせん》を見てみると、

〈屈んで笑え、さすれば福が来る〉

（気持ちわる）と思って、その場で破って捨てたんですね。

その年の暮れ、前触れもなく母親が脳梗塞《のうこうそく》で倒れて、そのまま亡くなってしまった。

佐藤さん言うんですよね。

「あの病室であいつらの仲間に入ってたら、母親は助かってたんじゃないかな。あの仲間に入らんかったから、母親死んだんじゃないかな」

おかっぱの少女

ごまだんご

これはぼくが幼稚園児の時に実際に体験した話なんですけど、当時ぼくは茨城の水戸にあるマンションに家族で住んでたんですけど、そのマンションから徒歩十分圏内ぐらいのところに幼稚園があって、そこに通ってたんですね。

送り迎えは母にしてもらってたんですけど、その日も幼稚園が終わって母が迎えに来てくれて、帰るっていうことになった。

自宅マンションのすぐ前に踏み切りがあって、それを渡ってから線路沿いに歩道があって、それをまっすぐ行けば幼稚園がある。

いつもそこを通って行き帰りしていた。

その日も母と手をつなぎながら、

「今日はこういうことがあったよ」

「ああそうなんだ、楽しかった？」

「楽しかった」という感じで歩いたんです。

マンションに近づくにつれて、だんだんだんだんだんと踏切も近づいてきた。

そのまま歩いていったんですけど、その踏切の横にゴミ捨て場があるんですけど、そこを通りかかった時にふいに、ゾワゾワっとしたんですね。

なんか寒気みたいなのがして、なんだろうと思ってちらっと見たら——そのゴミ捨て場は不法投棄がされてるゴミ捨て場なんですけど——冷蔵庫が置いてあったりとか電子レンジが積み重なっていたりするその間に、女の子が立ってたんですよ。

小学生ぐらいの女の子なんですけど、髪はおかっぱで、ちびまる子ちゃんみたいな格好してるんですけど、その女の子がゴミの間に挟まってるんです。

なんだろうこの子って見ていたんですけども、どうも様子が変なんですよね。

頭は下に垂《た》れているし、手足の関節がギャリギャリしていて、あらゆる方向に向いちゃってるって感じなんですよ。

気持ち悪いなと思いながらも、そのままじっと見てたんですけど、女の子は壊れた人形のようになったまま、

「ははは、ははは、ははは……」

と笑っている。

なんだろうと思っていると、その女の子がだんだんだんだん顔を上げてきた。

やがて見ている僕と目線がカチッと合った。その瞬間に、女の子の全身が脱力して、ダランッとなってしまった。そして、

「ううううう、うううう……」

今度は泣いている。

あれっ？　大丈夫かなと思って近づこうとした瞬間に、その子が顔を思いっきり上げて、僕の目の前のところで再び笑い出した。

「ふはははははは、ふははははははは……」

うわっ、この子、怖い。

見れば、顔中が傷だらけで、唇は裂けてダラーンと垂れている。

そんな状態で笑っているのだ。

僕は急激に怖くなって、母の手を振り払うと一気にマンションに向かって駆け出した。

母も「待って待って待って」という感じで後を追いかけてきた。

それで無事に二人でマンションに着いたんですけど、母は僕に言う。

「危ないでしょ？　あそこ本当に事故多い場所なんだから」

「いやお母さん見なかった？　あの子」

そう僕は、あの場所で見た女の子の説明をしたんですけど、

「なに、その子？」

と、母親は答える。

母親には見えてなかったんですよね。

その踏切というのが、結構、人身事故が多い踏切なんです。その女の子は、わりかし昔っぽい格好をしていたから、ひょっとしたらその踏切で昔に亡くなった方なのかな、当時の僕みたいな、小さな子供を驚かせて、楽しんでたのかな――。

そういう体験をしたことが昔、あります。

葬式の夢

スズサク

みなさんが寝てる時に無意識に見る夢にまつわるお話というのを、ちょっと聞いていただこうかなと思うわけなんですけども。

このお話を聞かせてくれた男性の方が以前勤めていた職場で、一緒に働いてたパートの女性がいらっしゃいました。

休憩中に、この女性と一緒に喋《しゃべ》っていると、女性がいきなり、

「私ね、二十歳になった時から見る夢があるの」

と言ってきたので、

「なんですかそれ？」

と尋ねましたら、この方が続けて話し始める。

私が初めて見たのが、二十歳の大学生の頃なんだ。夢の中でね、扉の前に立っている。で、それを開けたらお葬式会場なの。喪服を着た参列者たちがシクシクシクシクシク泣いてる。あ、お葬式だと思いながら祭壇のほうにふっと目をやると、一枚の、女性の遺影が飾ってある。

あれ、この女性見たことあるな、見覚えあるな、思い出せないなあ、誰だっけ誰だっけ誰だっけ？

ぱっと目が覚めると、朝になってる。変な夢を見たな、あ、こんなことしてられない、学校遅刻する、そう思い、自分の部屋を飛び出してリビングに行くと母親から、

「親戚のおばさん亡くなったよ」

そう言われてお葬式に行く。

で、そこに飾ってある遺影が、夢で見た遺影とまったく一緒――子供の頃からお世話になってたおばさんの顔だと、夢の中では思い出せなかった。

これが二十歳の時の最初の夢。

それから四年後、二十四歳の時もまたこの夢を見たの。

扉の前に立っていて、開けたらお葬式会場。

祭壇のほうにふっと目をやると、男性の遺影が飾ってある。

あれ？　見覚えあるな、思い出せない、誰だっけ誰だっけ……？

ぱっと目が覚めると、朝になっている。で、変な夢見たな、こんなことしてられない、会社遅刻する――。

会社に行くと上司が亡くなっていた。お葬式に行ってそこに飾ってある遺影、夢で見た遺影とまったく一緒――入社してからずっとお世話になってる上司の顔が、夢の中では思い出せなかった。

これが二十四歳の時の夢。


それから四年後、二十八歳の時にも見て、扉を開けたらお葬式会場、祭壇をふっと見ると女性の遺影が飾ってある。

思い出せない、誰だっけ誰だっけ……？

ぱっと目が覚めると、朝になっている。

すると連絡が入って、高校時代からの親友が亡くなった。私、夢の中で親友の顔すら思い出せなかった。

この夢ね、必ず四年周期で見るんだ。

その後、三十二歳の時も見て、友人が一人亡くなってるの。

それからまた四年後の三十六歳の時も――。その時、私は結婚をして息子も生まれていて専業主婦をやってたの。

夢の中で扉の前に立った瞬間、(ああ、またこの夢だ)って認識があるの。扉を開けたらお葬式会場で参列者たちがいて、また人が亡くなるんだっていう認識もあるの。そして、私の知ってる人なのに夢の中では思い出せないんだってこともわかってるの。

そう思いながら祭壇のほうにふっと目をやると、一枚の遺影が飾ってるんだけど、いつもと違うの。

遺影には、誰も写ってないの。

真っ白の遺影が飾ってあって、あれ? いつもと違うなと思いながら遺影の中をじいっと見ていると、遺影の右端からちっちゃい男の子の顔が出てくる。

それが左端でスーッと消えて、別の男の子の顔が出てきて消えて、女の子の顔が出てきて男の子が出てきて女の子が出てきて――遺影の中でぐるぐるぐるぐる子供たち

ないの。

うちの子かもしれない）と思ってがばっと起き上がったら、まだ夜中で、朝になって

の顔のルーレットみたいになっている。それを見た瞬間、私、夢の中で初めて（次は

隣を見ると息子がスースースースーと寝息を立てて寝ている。

よかった、と安心したけれど、怖くて二度寝なんかできない。

息子の様子が変わらないか朝まで見守った。朝になったら息子が元気よく起きてきた。

普段だったら幼稚園の送迎バスに乗せるのだけど、今日はなぜか任せたくない、私がちゃんと見届けたい。そう思って、幼稚園まで自分が連れていった。

息子に「お母さん帰りもお迎えに来るからね」と伝えていると、やけに幼稚園が騒がしい。先生に「どうしたんですか？」と尋ねたら、

「いや、来る途中の送迎バスが交通事故に遭って、男の子が一人亡くなったんです！」

私、あっと思った。見ていた夢の遺影に男の子と女の子の顔がルーレットのように入れ替わっていたのは、まだ誰が死ぬか決まってなかったんだ。

うちの子が死ぬ可能性もあったの。

これが三十六歳の時に見た夢。

で私ね、今年四十歳になったんだけど、また夢見たんだ。

夢の中で扉の前に立ってて、中を開けたらお葬式会場、祭壇にふっと目をやると一枚の遺影が飾ってある。

あれ？　見覚えあるな、思い出せない、誰だっけ誰だっけ誰だっけ……？

ぱっと目が覚めると、朝になっている。私朝になってから思い出したの。

そこに写ってる遺影、私だったの。

だから私、もうすぐ死ぬんだ、今までありがとうね――。


そう言い残して女性は、次からパートに出勤してくることはなかった。

夢の流れでいけば、この方もうすでに亡くなってる。

でこれね、霊感とかの話じゃないんですよ。

最初に言った通り、夢にまつわるお話、みなさんも寝たら見る夢の話なんですよ。

そう考えたら、眠るのがちょっと怖くなりますよね――。

部屋と仏壇と彼氏

クダマツ ヒロシ

これは知り合いのケイコさんっていう女性から聞かせてもらった話です。

ケイコさんの友人で二十代のサキちゃんという女の子がいるんですけど、このサキちゃん、いつも誰と付き合っても長く続かない、どんな人と付き合ってもすぐに別れちゃうそうなんです。

それにはある理由があって。

サキちゃんには大学生の時にお付き合いしていた男性がいて、その男性はバイクの事故で亡くなってしまっているんです。

それ以来、どうしてもその人のことが忘れられなくて、誰と付き合ってもなかなかうまくいかない。そういうことなんですね。

サキちゃんとケイコさん、仲がいいので、

「私、紹介してあげるよ」

とケイコさんは自分の友だちのコウジ君という男の子を紹介したんですね。

紹介してからしばらくすると、そのコウジ君からケイコさんに電話があった。

「おい、あの子おかしいぞ」と。

「どういうこと?」

そう聞くと、コウジ君、その前日に初めてサキちゃんの部屋に遊びに行ったそうなんです。

その時に「お邪魔します」と家に上がって部屋の中をひょいと覗《のぞ》いた瞬間、ギョッとしたっていうんです。可愛い女の子らしいインテリアが並んでるワンルームの部屋、そのど真ん中にドンッと「仏壇」が置いてある。

えっ? と仏壇を覗き込むと、その内側一面に、若い男性の写真が何枚も何枚も貼られている。

(何これ?)と思っていると、サキちゃんが、

「あっ! ごめんね、びっくりしたよね? でも気にしないでね、大丈夫だから」

ニコニコしながらそう言うんですよ。

「いや、気にしないで、って言われても……」と言いかけたその瞬間。自分のすぐ隣から〈ギイイイイ〉と、何かが軋《きし》むような音がする。

フッと見ると、仏壇とちょうど向き合うような形で二人掛けのソファーが置いてあるのですが、そのソファーの片側が、今自分が見てる目の前でまるで誰かが座ったように、ググググッ！　と沈んだんです。

（あ、誰かいる）とコウジ君は直感でそう思った。

もう怖くてすぐにでも部屋を飛び出したいんですけど、その時コウジ君、あることを思い出したんです。

「柏手《かしわで》」ってあるじゃないですか。何か良くないものを見たり、感じたりした時に手をパンッと叩く。それを思い出してとっさに両手を広げた瞬間、サキちゃんに横からグッと腕つかまれて、

「だめ。そんなことしたら、嫌がるでしょ？」

そう言われたんです。

その瞬間、部屋の電気がバチンッと落ちて、真っ暗になった。

それでもう、逃げ出すように部屋を飛び出したと。

「だから、あの子ちょっとおかしいで」

そう、ケイコさんに訴えたんです。


それからしばらくして、またコウジ君からケイコさんに電話があった。

出てみるとコウジ君、滅茶苦茶明るいんですよ。

「今な、俺、あの部屋でサキちゃんと同棲始めたんだよ。ただ、あの仏壇はまだ部屋にあるよ」

そう言うんです。ケイコさんもびっくりして、

「え、それ大丈夫なの？」って聞くんですが、

「大丈夫大丈夫、全部解決したから！　あれから俺、毎日さ、柏手を仏壇の前でやるんよ、ほらこうやって——」

そう言いながらコウジ君が、電話口の向こうで〈パンパンパンパン!!〉と手を叩いているのが聞こえる。

そのすぐ後ろから、

「あははは……」

低い男の笑い声が聞こえるんです。

ケイコさんは怖くなってすぐ電話を切りたいんですけど、コウジ君は構わずしゃべり続けている。

「俺さ、あの仏壇、今度捨てんねん、あれ、もう必要ないから。俺、俺……こいつにするわぁ――」

――そこで電話が切られた。

最後に聞こえた「こいつにする」という声。

コウジ君ではない、まったく知らない男の声だったそうです。

それで、ケイコさんが言うんですよ――。

「私ね、もう怖くって。それ以来コウジ君ともサキちゃんとも一切連絡とってないんだよね。ねえ、コウジ君どうなったのかな?」って。

カップルと踏切

匠平

これからするのは、西沢さんという方から、ツイッターのDMで送っていただいたお話なんですよ。

僕は、このDMをもらって文章を見た瞬間に（あ、なんか良くないかも）と、一瞬思いました。

なんとなく気持ち悪い。

でもせっかく送っていただいているDMですし、内容だけは確認しなくてはと思い見てみたら、こんな内容だったんです。

西沢さんの、小学生の時の体験です。

小学生の当時、西沢さんの家と学校との間に踏切が一つあったそうです。

この踏切を渡らないと学校にも行けないし、家に帰ることもできない。

西沢さんはその日も学校が終わった後、いつもの道を自分の家へと一人で歩いて帰っていました。

虫捕りをしたり、小学生ながらちょっと買い食いなんかをしながら、家に向かって歩いていく。その途中、目の前に若い男女のカップルがいることに気がついたんです。

このカップルが、幼い西沢さんにもわかるぐらい、イチャついて歩いている。

「ちょっと、みんな見てるから変なとこ触んないでよ」

「いいじゃんかよ、別に誰も見てないって」

「いるって、周りに人が」

「いいじゃん、いいじゃん」

もうね、見ていられないんですね。

西沢さんは（うわあ、すげえ変なのがいるなあ）と思いながら、そのカップルの後ろを、二人の会話を聞きながら歩いていた。

すると、踏切が前方、五十メートルぐらい先に見えてきた。

そして、踏み切りの十メートルぐらい手前にくると、楽しそうにしゃべっていた目の前を歩くカップルが急にピタッとしゃべるのをやめたんです。

西沢さんは（あれっ、どうしたんだろう）と二人の様子を見ながら思っていると、二人が「はあああ、はあああ」と、なんだか呼吸を荒くしている感じがする。

（ええ？　喧嘩《けんか》でもしてんのか）そう思っているうちに、

カンカンカンカンカンカン――

踏切の音が鳴り出したんですね。

遮断機がゆっくりと下りていくのですが、カップルは渡らないで踏切手前で待ってるんです、立ち止まらなければ遮断機にぶつかる事もなく踏切を渡れたはずなのに。

その間、彼女は、

「あああああ、なんで、ああああああ、なんで」

どんどんと声が大きくなっていき、ついには泣き出しました。

その間、彼氏はじいっと黙っていて、ふいに、下りきった遮断機に手をかけたかと思うと、何事もないかのように持ち上げた。

そして、電車が来る方向を見ると、そのままタタタタタタタっと線路に入る。次の瞬間、彼氏はバンッと電車に撥《は》ねられてしまった。

特急電車だったのか、スピードも落とさず通り過ぎていく。

目の前で男の人がバラバラの物体になっていく瞬間を、西沢さんは目の当たりにしてしまった。

彼女の方は「はあああっ、はああああっ」と泣きながら、自分の体に飛んできてくっついた臓物や周囲に散らばった彼氏の体を、かき集めて手元の袋に入れている。

西沢さんも、なんだかわからず（怖いっ）て思いつつも、手伝ってあげなきゃと思い、そこらにある肉片をどんどん集めて彼女に渡していく。

一通り、目に見える大きな塊は袋に入れ終わったと思ったら、彼女が、

「ありがとね、ありがとねえ……」

と言ってる——ところでふっと気がついたら、家で晩御飯を食べてたんです。

（あれ？　さっきまでなんか俺、踏切で……夢だったのかな？）

自分でもわけがわからない。

僕、どこか変な世界に紛《まぎ》れ込んだんでしょうか？

──そんな内容のＤＭだったんです。

すごい話を送ってきたな、と僕は自分の家でそれを読んで思ってる時のこと。

部屋に赤信号なのか、パッパッパッパッパッと点滅する赤い光が外から入ってくるのに気がついた。

（ああそうか、普段、俺は夜に家にいないから気がつかなかったけど、あれ、点滅信号なんだ）

そう思っていたら次に〈カンカンカンカンカンカンカンカンカン〉と、急に踏切の音が響きだした。

突然の音に驚き、音がするほうを見てみたら、立ち上げていないパソコンの電源がついていて、なぜだかわからないがＹｏｕＴｕｂｅ上で踏切の動画が流れている。

（ああ、わけわかんない、わけわかんない）そう思いながら、怖かったので急いでパソコンの電源を落として、部屋から飛び出してリビングに行きました。

リビングでちょっと落ち着きを取り戻し（今の状況はなんだったのか）と考えていると、はっと気がついたんです。

さっきの部屋から見えた点滅信号、僕は夜に部屋にいないから知らなかったと思ったけれど、部屋から信号が見えるわけないんですよ。

僕はこの出来事の数ヶ月前に引っ越しをして、新しい家で生活しているんです。

新しい家は七階なので、窓の外に信号機なんかあるわけないし、明かりが差すようなものは一切ないんです。

もしかすると、西沢さんからのＤＭによって、僕も西沢さんが紛れ込んだ「よくわからない世界」に、危うく行ってしまうところだったのかもしれない。

そんなお話でございました。

死神マンション

ハニートラップ梅木

　これは、みなさんも新しい家に引っ越した時は、ちょっと家の中を写真撮ってみてほしいなというお話でございます。

　この話は、僕の後輩のMという男から連絡が来たことから始まります。

「僕、新しい家に引っ越したんですけども、なんか部屋ん中で写真を撮ったら死神みたいなのが写ったんですよね」

　そうして一枚の写真が送られてきたんです。

　その家というのが、芸人三人でルームシェアをしているマンションなんですが、普通の間取りです。

　玄関があって、リビングがあって、左手に和室、その奥にもう一部屋、右手の奥に一部屋、そしてお風呂、トイレという間取りなんですが、そのリビングから左手の和室に向かい一枚、写真撮ったんですよ、と言って送られてきたんです。

その和室の襖《ふすま》が開いていて、奥に押し入れが見える。その押し入れの上が白い壁になってるのだけれど、その白い壁が真っ黒になっていて、白い靄《もや》みたいなものが集まって骸骨のようなものが見える。本当にはっきりと見えるんですよ。

「ああ、これ、本当に骸骨みたいねえ」

「いやあ不思議なんで、ちょっと送らしてもらいました」

「まあ気になるやろうから、僕、ちょっと知り合いの僧侶の方に聞いてみるね」

僕はMにそう言うと、その写真を知り合いの僧侶の方に送ってみた。

すると、その僧侶の方から連絡が来た。

「え、ここ、まだ住んでんの?」

「はい、住んでる、というか住み始めたとこみたいですね」

「いや、やっぱここは住まないほうがいいよ」

「ということは、これやっぱり死神なんですか?」

「いや、仏教に死神という考え方はないから、僕らの見解だと、これっていわゆる浮遊霊なのよね。ここを通ってる霊が写ったと思うんやけど、なぜここで、この浮遊霊が撮れたかっていうことが大問題なんよ」

「どういうことなんですか？」

「後ろのこの白い壁のところが異様に黒いよね。この黒いっていうのは、あの世からのエネルギーが漏れ出てるのよ。聞いたことがあると思うけれど、いわゆる霊道ってやつやねんけど、ここまで黒くはっきりと見える霊道って、僕は見たことないのよ。だからこんなとこ住んでたら、すごい量の霊がここを行ったり来たりするわけやから、ストレスになるよ。だから、ここには住まんほうがいいよ。新宿のど真ん中で寝てるようなもんやから……」

僕は僧侶の言葉を、そのまんまMに伝えたのですが、まあ彼も芸人ですからね「なんか起こったらおいしいやん」という気持ちもありますし、そもそも引っ越しするお金もないから、ここに住みますよ、ということで——。

それで、その骸骨みたいなものが写った部屋は、Aという後輩が住むことになった。

他の部屋はMともう一人の後輩が使うことになったんですが、やがて僕はこのことを忘れてしまっていた。

夏のある朝、Mから電話がかかってきたんです。

「もしもし、もしもし、梅兄ですか、梅兄ですか？　もしもし！」

「なんやねん、おまえ、朝から」

「いやその、すごく大変なことが起きて。あの、大変なこと、大変なこと、大変なことなんですよ」

「いや、落ち着いてよ、なんなの？」

「僕も今帰ってきて――ちょっと色々あって、その、あったことをそのまま話します！」

「おお、頼むわあ」


僕ね、昨日、夜十一時ぐらいに仕事に出ないとダメってなって。で、もう一人の後輩も出るって言ったから「一緒に家を出ようや」ってなったんですよ。

そしたら二人ともいなくなるんで、Aに行ってくるよって声をかけたんですよね。

閉まっている襖越しに「行ってくるよ」って、中にいるAに声をかけたんですけど、なんも返事がないんですよ。

「おーい、聞いてんのか？　二人とも出るでえ」

すると、

「うううううううう……」

と、なんだか呻《うめ》くような声が聞こえたんで、

「ええ？　大大丈か？」

と声をかけた。気にはなるけど様子を見る時間もないしなあ、と思って、

「おい、大丈夫？　出るでえ」

と声を再度かけたら、今度は〈ミシミシミシミシミシ……〉と、部屋が軋むような音が聞こえた。

「え、なんやあ？」

もしかしたらＡは、動画かなんか撮ってるのかもしれんと思い（まあいいや）と仕事に二人とも出たんですよ。

で、翌朝に二人とも帰ってきたんやけど、Ａがまだ起きてきていない。

Ａはいつもそのぐらいの時間には起きてるんですけど、襖は閉まったままになっている。

「おい。で、大丈夫か？　あいつは」と一緒に帰ってきた後輩に言うと、後輩は「い

や、まだ起きてないんですよね、起こしてくださいよ」と返してきた。

「え、おれ？　機嫌悪いやんけ、あいつ、こういう時」

気になりながらもそう言って、Aの部屋の襖越しに「おい、起きてんのか、大丈夫かー？」と声かけたら、やはりなんにも返事がない。

「おい、大丈夫か、体調悪いんか？　開けるよ」

僕は襖をグッと開けたんです。

和室から畳が見えるんですけど、電気も消えてる。でもカーテンから朝の光が入ってて、薄暗く部屋ん中が見える。

部屋の真ん中に布団が敷いてあって、それがこんもりと盛り上がってるから、

「ああいるやんか、おいどうした、体調悪いんか？」

と声をかけるけど、なんにも返事がない。

ずうっと近づいていって、「起きろよ」って布団を剥《は》いで寝ているAの肩を持った瞬間、（あ、これ違う）って思ったんです――。

揺らした反動でAがゴロンって上を向いたそうです。そのAは、血の泡を吹いてすでに息をしていない、亡くなっていたと言うんですね。

その後、警察を呼んだらしいのですが、結局、警察が言うには「事件性はない。おそらくストレスによる脳出血で亡くなったんじゃないかな」ということだったようです。

ただ、Mが言うことで、僕、一つ気になることがあるんです。

Aが寝ていた布団なんですが、色んな人がその上を通ったかのように、足跡ぐらいの大きさであちこち凹んでいたそうです。

やはり、僧侶の方が言っていたように、その部屋の壁の霊道を通り、多くの霊体がAの寝ている上を歩き回っていた。そして、そのストレスがAの残念な結果になってしまったのかなと。

みなさんもね、新しい家に引っ越した時、写真を撮ってみたほうがいいですよ。

その写真の中に何か異様に黒い場所があったら、その部屋には住まないほうがいいかもしれません。

ドッキリ企画にて

長州小力

最近はね、なんだかちょっと怪談やらしていただいてね、ぼくの怪談っていうのはまあなんですか、霊感も特にあるわけでもないし幽霊も見たことないんで、自分の人生を振り返った時に「ちょっとあれ、おかしかったな」っていうようなね、勘違い怪談くらいなつもりで聞いてもらいたいんですけど。

今から四年くらい前に、テレビの仕事で、アメリカの幽霊が出るホテルにドッキリで泊まらされたんです。

もちろん自分は企画を知らないですから、このホテルに行って、部屋の中で何しているのかとか、カメラでモニタリングをされてるんですけど——。

そのホテルというのが、ルイ・ビルというアメリカの西部の街にあるんですが、古い西部開拓時代当時から残った建物で、一階がレストラン、で二階からがホテルになっている。

二階にあるその部屋は二十畳ぐらいの広さで、半分が資料室で、あとの半分がシングルルームになってるんです。

なんの資料室かというと、ジェシー・ジェームズという、歴史の中で初めて銀行強盗をした男で、そんな荒くれ者が定宿にしてた部屋だというんです。

映画にもなっていたりする人物で、彼のファンという人もたくさんいる。そんなファンの人が泊まりたいホテルらしいんですけどね……その資料室が怖いんですよ、当時の、アメリカ人の古い写真などがいっぱい並んでたりしてね。

寝室にもジェシー・ジェームズの写真が飾ってあるんですけど、僕は知らないですし、次の日のロケのために早く寝ようとベッドに入ったんですね。

でも、海外だし、テンション上がっているのか、なかなか寝られない。

そうすると、隣の資料室からなにか気配を感じるような気がする。

まあでも、僕だけがそのホテルにいるわけじゃないし、とか思いながら寝ようとしていると――。

今度は、壁から変な音がするんですよ。

(え、なんだあ?　家鳴りかなあ)と思っていたら、しばらくすると、ドアから僕の寝ているベッドに向かって誰かが歩いてくるような、床が軋む音がするんです。

キュッキキュッキュと。

気にはなるけれど、早く寝なきゃと思って、やっとウトウトしてきたら、今度は部屋中で英語が飛び交っている。

そして明かりが壁や天井にフワッと見えるので、なんだ?　と体を起こしたら、ベッドの真向かいにある薄型テレビがついているんですね。

でも僕、部屋に入ってから一度もテレビをつけてないんですよ。

だからなんでついてんだろう、と思って、消そうとリモコンを探していると、その間にパッと画面が消えたんです。

(なんだろうかな?　早く寝なきゃ)と思って布団をかぶると、また英語が飛び交い出して明かりがフワッと見えるんですよね。

またテレビがついてるんですよ。

(え、二度目?)と思って、(これは、なにかがいるのかな)とさすがに思ってね、こういうことも好きですし、霊感もないけど探ってみようと思って、自分で一生懸命集中しながら、部屋のあっちこっちを見てみたんです。

結局、僕の目では何も捉えられないまま、朝を迎えたんですよね。

で、翌日、ディレクターさんが「実はこれドッキリで、昨日の夜、小力さんが泊まった部屋は幽霊が出る部屋でした」とばらされる、みたいな。

「で、どうだったんですか？」と僕が訊いたら、「オンエアを楽しみに」と言われたので、実際、僕はとても楽しみにしていたんですよ。

で、オンエア見てみました。

実際に壁の音、隣の気配、軋む足音とか聞こえていた。でも、一番怖かったのは、僕が集中しながらあちこちの気配を探っていた時のこと。

僕が見た方向から、女の人の声がするのがちゃんと録れている。

「ううっ」

と唸《うな》ってるんですよ、僕に対して。

別の方を見たら、今度は何を言っているのかわからないけれど、日本語のような言葉で、怒ってる感じの言葉がかけられた。

改めてゾッとしたものの、オンエアはそこまでだった。

ぼくはロケの二週間前に、高野山《こうやさん》の阿闍梨《あじゃり》というお坊さんに水晶の数珠《じゅず》をもらっていて、ロケの間、腕につけていたんです。

それが、帰りの飛行機で朝の四時ぐらいに空港にチェックインしようとしてたら、パンという音がして、見ると腕には数珠がないんですよ。弾《はじ》けて床に散ってしまったんですね。身代わりになってくれたみたいに思えたんです。

後に、ＳＮＳとか僕のブログに、視聴者から色々と投稿がありました。「その後、大丈夫ですか？　あそこ相当やばかったですよ」みたいなね。

そんな貴重な体験をさせていただきました。

もう帰ってるよ

吉田猛々

これは、Tさんという男性が高校生の時に体験した話です。

Tさんはクラスの中にI君という、すごく仲のいい友だちがいまして。

でね、仲がよければよいほど友だちのちょっと元気のない時ってすぐわかりますよね。

ある朝、登校してきたI君の元気がないと思ったTさんは、聞いてみた。

「I君、なんかあったの？」

「いや、実はね……」

そう言って話してくれたのがね、I君にはお兄さんがいるんですよ。

で、そのお兄さんというのは実家を出て、アパートを借りて、そのアパートから電車に乗って大学まで通っている。

「そのアパートの沿線の電車で今朝事故あったの知らない?」

と、I君が言うと――。

その事故っていうのがね、二〇〇五年に起きた「福知山線脱線事故」でして。百名以上の方が亡くなるすごく大きな事故だったんですけど、どうやらお兄さんがその事故に巻き込まれた可能性があって「今連絡がつかなくて困っている」と。

Tさんそれを聞いて「いや、それだったらもう今日早退してでも連絡を取るようにしなきゃだめでしょう」って言ったら、I君は「わかった」って言って家に帰っていった。

で、翌日ですよ。

I君ね、ニコニコしながら登校してきた。

どうやら、お兄さんとメールで連絡がついたんですって。

そのメールの内容っていうのが、

「電車には乗ってた。実際、その事故があった電車には乗っていたけど、自分は大丈夫だった。だけど、線路の復旧、電車の復旧には時間がかかるから、アパートから一旦しばらく実家に帰る。だから少し待っててね」

っていうことだったらしいんです。

I君はそれを聞いてすごく嬉しかった。

もともと兄弟愛がすごく強い、仲のいい兄弟だったんで、単純にお兄ちゃんとまた会えることがI君は嬉しかった。

だけどね、それから数日経つうちに、またI君のテンションがどんどんどんどん下がってくんですって。

また心配になったTさん、それとなく聞いてみた。

「I君、また元気ないけどどうしたの？」

「ああ、お兄ちゃんまだ帰らないんだよね」

まあ確かにいつ帰るとは言ってないですよ。

そのうち帰る、という感じの返信でしたからね。

でね、Tさん続けてI君に聞いた。

「お兄ちゃんに電話した？」

そうしたらI君、「いや、電話は出てくれないから、最近かけてない」と。

で、そんなやりとりをしている時の時間っていうのがね、五時間目と六時間目の間の休み時間だったんで、Tさん勧めたんです。

「じゃあ今ちょっとかけてみたら?」って。

そしてTさんの目の前でI君が携帯電話を使って電話をしたらね、なんとお兄さんとつながったんですよ。

その時お兄さんが言った言葉っていうのがね、

「ああごめんごめん、もう帰ってるよ」

もう帰ってるよ? あっ、そうか! と。

I君が今朝学校に来たのが大体八時ぐらい。

その時、電話をしたのが二時か三時ぐらいですからね、六、七時間経っていると。

I君、「自分が学校行ってる間にお兄ちゃん実家に戻ってきたんだ!」って、喜んで家に帰っていった。

でもね、翌日のI君また元気がないんですって。

Tさんが再度聞いてみたらね。

「いやあ、まだね、お兄ちゃん帰ってなかった」と。

これはさすがにおかしい。

二人がそんな話をしてる同時刻ね、I君のお母さんがアパートの管理会社の人と一緒に、お兄さんが住んでるアパートに行っていたんですって。

呼び鈴を押すけど、反応がない。

声をかけつつ、鍵でドアを開けたらそこにはね、自ら命を絶ったI君のお兄ちゃんの姿があった。要は自殺だったんですよ。

遺書がなかったのでどんな理由で亡くなったかはわからない。

そこからは警察などを交えての対応です、そこでね、最初に出た結論、死因っていうのが、これはPTSDだろうと。

心的外傷後ストレス障害、事故で危機に瀕《ひん》した人はその時の記憶がフラッシュバックしてしまって、鬱《うつ》などを併発して自分で命を絶つこともある。

最初はそうだろうと思われていたんですよ。

だけどそこから色々調べていくうちに、死亡推定時刻っていうのが明らかになった。

だけどおかしいんですよ。

死亡推定時刻がね、あの脱線事故が起こる数日前なんですよ。

I君は、お兄ちゃんが脱線事故に巻き込まれたんじゃないかと思って連絡しましたよね？　でも、その連絡をした数日前に、すでにI君のお兄ちゃんはなんらかの理由で自ら命を絶っていたんですよね。

それなのに、メールもしてる、電話もしてる、I君は声も聞いている。

その履歴っていうのはね、全部そのI君のお兄ちゃんが最後命を絶った時に、右手に握りしめていた携帯電話に全部残っていたそうなんですよ。


兄弟愛がとても強かった二人。

いつか自分が死んだことっていうのは必ずわかってしまう。

でもそれを少しでも遅らせたい。

そういうお兄さんの気持ちを考えるとね、あの時最後に言ったお兄さんの言葉。

「ごめんごめん、もう帰ってるよ」

には一体いくつの意味が込められていたんだろう、と思ったお話でございました。

Nスタジオの土蔵

伊藤えん魔

今から二十年ほど前、僕はM一座という劇団のツアーに参加しており、愛知県のNスタジオというところを訪れていました。

そこは古い土蔵を改修して作られた、民宿のような劇場でした。

我々は宿泊もそこでする予定でした。

初日が終わり打ち上げの時、Y先輩が変な話をするのです。

「知ってるか？　あのな、昔この土蔵の横に高い火の見櫓《やぐら》があって、飛び降り自殺が多いもんだから取り壊されてしまったんだって」

「えええ？　怖いですね」

「飛ぶやつっていうのはな、落ちる時みんな笑ってるそうだ」

「ああ？　本当ですか」

「死の恐怖を逃れるために脳が一気にドーパミンを出すから、異常な幸福感に包まれて死んじまうそうだ」

「もうその辺にしとけ。明日も本番だろ?」

主催のFさんの言葉で宴会は解散、みんなスタジオ内のあちこちに散らばり、雑魚寝となりました。

その深夜、Fさんは妙な気配で目を覚まします。

(あれ? 金縛りか)

なぜか体が動きません。

見ると、隣に寝ていたY先輩がFさんの腕をガッツリつかんでいるのです。

「なんだよY、放せってば」

体を動かそうとしていると、気づけば、部屋の方々からうめき声がします。

スタジオ内を見ると、みんながあちこちで体を硬直させ、うめいているのです。

「あああ……、あああ……」

(なんだこれ?)

なんと、劇団員全員が金縛りに遭っていたのです。

正気なのはFさんだけでした。

「はああ……、はあ、はあ……！」

ひときわ大きなうめき声を上げる役者の真上、天井の中空に人の影が見えたそうです。

「え？」

さらによく見ると人影は一つではなく、何人もの影が広い天井にびっしりと張りついていたのです。

「はあ……」

真上から下を見下ろす顔、顔、顔。

「うはははは、うはははは、うはははは」

その顔たちは笑い声を上げながら次々と、ビチャリ、ボト、ボト、ボト、ボト、天井から落ちてきたそうです。

金縛りで身動きが取れない役者の上に、人が垂直に落ちてくる光景。

「やばいやばい、おれんとこにもくる。気づかれたらやばい！」

そう直感したFさんは、身を伏せて声を潜めました。しかし、

「うはははは、うはははは、うはははは」

真上から男が笑いながら落ちてくるのです。

動いたらまずい、そう思うものの、恐怖のあまりFさんは身を動かし、よけてしまったのです。

(しまった!)

笑う男は、そのまま真横にいるY先輩の肩にピトっと落ちたのです。

次の瞬間、男は消えていました。

同じくして、Fさんの腕をつかんでいたY先輩の力も抜けました。

いつの間にか周囲のうめく声も消えていたのです。

「はあはあはあ……Y、おいY」

Fさんが声をかけると、Y先輩が目を覚まして笑い出しました。

「うはははは、うはははは、うはははは!」

翌朝、我々は何事もなかったかのように舞台の準備に入りました。

金縛りの一件は、Y先輩含め劇団員一同、ぼく自身、一切記憶がなかったのです。

ただFさんだけが、声もかけられないほどにひどく憔悴《しょうすい》していたことを覚えています。
しかし、そのツアーが終わるまでFさんはずっと笑っていたのです。
誰にも気づかれないような小さな声で――。

決めたから

いつでも丑三つ時

妊娠三ヶ月の女性がね、アパートで首吊って自殺したんですよ。

で、その同棲相手、山崎って男、当時の私の会社の同僚だった。

彼ね、彼女が死んだ後なにも言わず会社辞めてアパート引き払って、沖縄の実家に帰っちゃったんです。

私、彼にね、話したいことがあったから電話したんですよ。

そしたらね、

「いやあ、たまんなかったよ。あの後あいつなあ、幽霊になって出てきやがってなあ、赤ん坊の声も聞こえてさあ、夜寝れなかったんだよ。だからもう引き上げてきたよ、こっちにさあ。ま、こっち来たらさあ、何もねえからもう縁切れたと思うんだけどさ、もうあんなやつと付き合いたくねえ、せいせいしたよ。いやあ、もうたまんなかった。

あ、ごめん、今日ちょっと忙しいんでな、じゃあな」

そう言って電話が切れたんですよ。

「許せない……」

彼には言ってなかったんですけどね、自殺した女性、実は私の幼馴染みだったんです。

死ぬ前に彼女からメールがあった。

もう我慢できない、ってそこに色々書いてあったんですよ。

自殺の理由——それはね、あの山崎って男の暴力。

彼女ねえ、友だち少なかったから、なにかあるたびに私に報告くれてたんです。

「私、あの人と二人で住む。決めたから」

そう言った彼女の首筋にはね、青い痣《あざ》があったんですよ。

「私妊娠したの。だからあの人と結婚する。うん、決めたから」

そう言った彼女の右手には白い包帯が巻かれていた。

メールにも書いてあったんですけどね、彼女ね「決めたから」って言ってたけど、決めてはなかったんですよ。

ただ迷ってただけなんです、でも私そんなことわからなくてね、話を聞くたびに「おめでとう」なんて、背中を押すような言葉をかけてた。

あの時ちゃんと話を聞いてりゃね、ちゃんと相談に乗ってれば、こんなことにならなくて済んだかもしれない。

私ね、自分に対する不甲斐なさと、山崎って男に対する怒りでね、腸《はらわた》煮えくり返っていた。そして、

《心の中で、彼女に、ずっと語りかけたんです》

「おまえ、いいのか？　本当にいいのか？　あいつさ、おまえのことも赤ん坊のことも全部ないことにしてさ、自分の道を歩き始めようとしてるぞ。本当にそれでいいのか？　おまえのこと一番悪くして」

そしたらね、三日ぐらいしたら夜中、山崎から電話があったんです。

出てみるとね、

「助けてくれー、助けてくれよ！　あああ、あいつがさ、出たんだよ、出たんだよ。あああ、赤ん坊の声もしてさあ、おまえさ、そういうの詳しかったよな？　こういう時さ、寺か？　神社か？　お守りか？　助けてくれ、助けてくれー！」

私ねえ、それ聞いて内心ほくそ笑んでたんですよ。

で言ってやったの、彼に。

「山ちゃん、遅い」

「え？　ななな、なに言ってんだ、なに言ってんだよ。たたた、助けてくれ、助けてくれ。えっ？　来るな来るな来るな来るな来るな来るな、来るなあああああ！」

ものすごい絶叫。

「おぎゃあああ、おぎゃあああ」

赤ん坊の声。

そしてね、彼女の声がしたんです。

「連れてく、決めたから！」

そう言われたんでね、私ね、心から言ってあげたんですよ。

「そう、おめでとう」って、背中を押してあげた。そしたら電話が切れたんです。

あいつね、喜んでたんですよ、幽霊になったくせにね。

今までにないくらい喜んでた。

その後ですか？　その後ね……。

「ふふふふふ、はははははは、はははははは、はははははは！」

待ちぼうけの霊

チカモリ鳳至

　今から二十数年前の話なんですけど、当時の安田さんはすごく精神を病んでいて、いつもどこかに自殺願望持ってたんですね。

　ある日、会社の帰りにその自殺願望がついに爆発して、車を走らせたまま何時間も運転していて、気がついたら福井県の東尋坊《とうじんぼう》に来てたんですよ。

　で、そのまま飛び降りて死んでやろう、と決意してスーツのまま岩場に着いた。

　けれども、いざ東尋坊の岩場から下を見ると真っ暗な海で、見回してもどこが水平線かもわからない。そんな闇の中、ここから一歩踏み出せばもうあの世に行ける、この世からおさらばできる、そう思ったんだけども、吹き荒れる海風とかそういったものに当てられてしまって、結局その一歩を踏み出すことができなかったんですね。

　何回も踏み出そうとするものの、結局怖じ気づいてしまって、いつの間にかふらふらと岩場から離れていて、どう歩いたのかわからないけども、松林に来てたんですね。実はこの松林、東尋坊にある遊歩道なんですけども初めて来たところだし、しかも時間は夜の十二時を回っている。

本当は危ないからこんな時間に入っちゃだめなんです。暗いから見逃してしまっていたけれど「夜間立ち入り禁止」と立て看板が出ている。でもそんなこともわからないまま、真っ直ぐ松林の中を歩いていったら、やがて岩場と岩場の割れ目、V字のところに二十メートルぐらいの小さな砂浜があるんですね。

そんなところまで、いつの間にか降りていた。

で、近くにあった倒木に腰を掛けて、せっかくここまでやってきたのに結局決意できなかった、と自分を責めながら頭を抱えてたんですよ。

どれぐらいの時間が経ったかわからないですが、暗い闇の中からどこからかシュリッ、シュリッ、シュリッと、何か音がする。

どうやらナイロンが擦れるような音のように思える。どこから聞こえてくるんだろうと思って、安田さんは暗闇を見回した。

そうしたら、遊歩道の上のほうに灯りが見えて、こちらにやってくる。

やがて、懐中電灯の灯りだとわかった。

(ああ、もしかしたらここ自殺の名所だから、見回りの人がいるのかな。いやだな、こんな時に誰にも声かけられたくないな、会いたくないないな)

そう思った安田さんは、ずっとうつむいてたんですね。

そうしたら、その人がどんどんと、シュリッ、シュリッと音を立てながら近づいてきて、ついに自分の真横に立った。

そして、男が話しかけてきた。

「ねえ、おにいさん、死のうと思ったんでしょ?」

図星だったんですけども、ずっと答えないまま安田さん、下を向いてたんですよ。

そうしたら男は一方的に話してくるんですね。

「あそこの岩場から飛び降りたら頭打ってそのまま波に飲まれて簡単に死ねると、みんな思ってんだけども、そんなことないんだよ。あそこから飛び降りて頭打ったらさ、波に飲まれてだんだん奥に入ってっちゃうんだよ。そして死体なんか浮かんでこないんだよ。そうこうしてるうちに、みんなそんなことを忘れちゃうんだよ。で、何年も何年も経った後、おにいさんが見てるその砂浜、あそこに遺体の一部が打ち上げられるんだよ」

たぶん、怖がらせて思いとどまらせようとしてるんだなって思ったんだけども、今はそんな話を聞きたくないから相槌《あいづち》は打たなかった。

でも、男はそのまま続けるんですよ。

「おれもさ、ずっと待ってんだよ……ずっと待ってんだよ。もうちょっと、もうちょっとしたら流れてくると思うんだよね、おれのさ、左手」

なに？　と思って安田さん、ふっと顔を上げて横に立っている男を見たら、ナイロンの薄いブルーのパーカーの左袖がひらひらとなびいている。右手には懐中電灯をぶらんと提げているのだけれど——。

男が、

「ねえ、ないだろ左腕。まだ来てないんだよ」

顔を見ると、その男の目はくぼんで顎がカクッと外れていて、その空いた口の中から無数のフナムシがウワーと出てきた。そして、そのまま瓦礫《がれき》が崩れるように、男の体は瓦解してバラバラと崩れた。

そこには男が持っていた古ぼけた懐中電灯が、灯りがついたまま転がってた。

安田さんはそれ見て、驚くようなことだったんだけども、声も出なかった。気がついたら、とぼとぼと歩いていて、車の中に戻ると、夜が明けるまでその場にいたそうです。

「自殺を考えると、そういったやつに出会ってしまうことってあるんかな」

安田さんはにこやかに、そんな体験を語ってくれました。

声が聞こえる

夜馬裕

「もしかしたら私、死んでいたかもしれない」

そう話してくださったのは玲奈さんという三十代の女性。

彼女の会社の同僚に、頑張って働いているシングルマザーの女性がいたんですが、ある時その女性の四歳になる息子さんが、アパートの階段から落ちて亡くなってしまった。

息子さんのために一生懸命働いていたのに気の毒なことだなあと思いながら、その同僚と働いていたそうです。

ある晩、残業していると急用ができてしまったので、もう帰宅しているその同僚の女性に電話をしたんです。

用件を伝えながら話すんですが、ちょっと気になることに電話口の向こうから、

「ううう……」

という男の子のうめき声のようなものが聞こえる。だからつい「あの、ご家族大丈夫？」と聞いてしまったら、「え？　家には私しかいないけど」と、言われてしまった。

返事に困っていると、

「実はね、最近隣の部屋に住むおじいさんも、夜中に子供の声がうるさいって言ってくるの。もしかしたらあの子の魂、まだこの部屋にいるのかなあ。ねえ、お願い。今から家に来て本当に声がするか確かめてよ」

と、急に強くお願いされてしまった。

気味が悪いと思いつつもどうにも断りづらく、結局仕事の後、同僚のアパートへ行ったんです。

リビングに通されると古いテレビがあって、そこに子供が楽しそうに遊んでいる映像が流れている。どうやら思い出のビデオをつないで流してるようなんですが、同僚それを指さしながら言うんです。

「これね、もともと音声ないんだけど、これ流してると隣の部屋のおじいさんが、子供がうるさいって苦情言ってくるのよ。さっきあなたと電話した時もこれかけてたんだけど、ねえ本当に子供の声がする？」

そう真顔で聞いてくる。

いやだなあと思いつつも、テレビの前に座って耳をすますんです。

ところが驚いたことに、しばらくすると無音のはずのテレビ画面の向こうから少しずつ子供の声が聞こえてくる。

ただ耳をすませていて、もう一つ怖いことに気づいてしまったんです。

子供の声とは別に、

「やめろ、やめろ」

と、低くしわがれた声がすぐ耳元で聞こえてくる。

見えない誰かが、すぐそばにいるんです。

怖くなって震えてしまっていると、子供の声のほうはだんだんはっきりと聞こえてくるようになった。

「痛いよ、お母さん許して、痛いよ」

苦しそうに泣きながら子供が許しを請う声が聞こえてくるんです。

ぎょっとして同僚のほうを見ると、彼女そのまますっと自分の近くに寄ってきて、

「ねえあなた、やっぱりなにか聞こえるんでしょう?」

顔を寄せて迫ってくる。その表情を見て、玲奈さん悟ったそうです。

あ、こいつ子供のことを虐待してたな、って。

そして、もしかすると子供が階段から落ちたというのも、こいつのせいなんじゃ
……思わずそんな言葉が口をついて出そうになった瞬間、耳元のささやき声がやんで、
とたんに、

「やめておけ、おまえも死ぬぞ!」

と、低くしわがれた老人の声で怒鳴《どな》られた。

その瞬間、我慢していた恐怖が爆発してしまって、

「なにも聞こえないよ、もう帰るね」

と言って、そのまま同僚の家を飛び出してしまった。

翌日会社に行くと、同僚はいつもの雰囲気なので気になっていたことを聞いたんです。

「ねえ、あの苦情を言ってきたおじいさんって今どうしてるの?」って。

そうしたら、

「ああ、あのおじいさん? アパートの階段から落ちて亡くなったよ。つい先日のこと」

そう言いながら、にっこりと微笑《ほほえ》むんです。

聞いて玲奈さんの中でつながった。

あの耳元でやめろとささやいていた声、そのおじいさんのものだ。

自分と同じように、子供の魂の声を聞いて虐待していたことに気づいてしまった。

そしてそれを母親に言ってしまったんじゃないか。

だから、子どもと同じように、階段から落ちて死ぬことになったんじゃないか。

「もしあの時〝やめておけ〟と止められなかったら、次は自分の番だったかもしれない。そんなふうに思うんです」

と、玲奈さん話してくださいました。

同僚の前ではもう二度と子供の話はしていないんですが、それでも時々こちらをじっと睨《にら》むように見てくるので、それがとにかく怖いとおっしゃってました。

話はこれで終わりなんですが、つい先日、この話を最恐戦でしようと思って、数年ぶりに玲奈さんに連絡を取ろうとしたところ、人から教えられたんです。

実は玲奈さん、二年前にお亡くなりになっていたそうです。

聞いたところ、死因は陸橋からの転落死だそうです。

幽霊屋敷

田中俊行

唯一、僕が幽霊を見た話というのがあって、これが少し前のことなんですよ。

怪談ライブでよく四国に行くんですけど、高知でですね、Mさんという若い二十代の男性がですね、

「知り合いの家が滅茶苦茶やばいから、ちょっと田中さん行きましょうよ。もう話つけてるんで」

と言って、連れてってくれたことがあったんですよ、ライブ終わりに。

高知から少し離れたところに、土佐大津という場所があるんですけども、そこの近くにある一軒家なんですよ。

それがね、Tさんっていう三十歳ぐらいの男性の家なんですね。

田んぼの中にポツンとあるんですけど、ちょっと異様だったのが大きい家なんですよ。

そこに一人で暮らしてるんですよ。

二世帯は住める二階建ての豪邸ですよね。

着いたのが夜中の一時ぐらいだったんですよ。

そのTさんもぼくのこと知ってくれていたんで、話が早いというか、家に招き入れてくれたんです。

その家に入って、ちょっと異様な感じがするのが、なんだか四人家族ぐらい――いや、もっと大勢の家族が住んでいたような食器とかがあるんです。

でもTさんは一人で暮らしている。

居間に通されると立派なテーブルがあって、そこでTさん、僕、Mさんの三人で話をしていると、「もうすぐですよ」とTさんが言うんです。

すると、スッスッスッスッスッ……たぶん竹箒《たけぼうき》だと思うんですけど、家の前を誰かが掃除をしている音がする。夜中の一時に。

そして、ジャーっと蛇口から急に水が流れはじめる。

それを普通に、家主のTさんが止めに行くんです。

「これ、なんすか?」と訊いたら、Tさんが言う。

「いや、この家は七年前に買ったんですよ。中古物件でものすごく安かった。買って初日からいろいろあって……僕、ずっと今は一階で寝てるんだけど、当時は二階で寝てたんですよ。二階で寝てたら、夜中の一時から四時の間なんですけど、一時になったらギ・ギ・ギ……と階段を何かが上ってくるんですけど、その上り方がつま先だけというか見つからないように歩いてるような感じがする。ギ・ギ・ギ……とそれで上まで行ったら、ガタガタガタっていうんですよ。その音でいつもびっくりして——。それが朝まで続くんです。それで気持ち悪くなって、一階で寝ることにしたんです」

一階で寝ていても、箒で掃いたりする音がして、誰かがいるという感覚がずっとあったそうです。でも、安かったにしても、それなりのお金を払って買った場所なので、我慢して住んでたんですよ。

家を買って二年後。当時、Tさんコンビニで働いてたんですが、家を買った時に屋根のメンテナンスをしてもらった工務店の社長さんが、久しぶりにコンビニにやってきて声をかけてきた。

「T君、ちょっと変わったことないか?」

「どういうことですか？」

「いや、二年経ったからあんたの家をちょっと診てやろうと思って、さっき行ったんや。そしたらな、二階の大きなベランダあるやろ。そこからな、女の人が見てんのよ、こっちを」

あれ？　あの子一人暮らしだったのにな、親戚か家族の人が来てるのかなと思いながら、そのまま家をぐるっと回った。すると、その女の人がいつの間にか移動していて、一階の出窓からギイッとこっちを見ていた。

「それが、真っ白な顔で、あれ、たぶん生きている人じゃないと思ったんだよ」

社長がそういう話をしたので、Tさんが、「いや、実は――」と、夜中に起こる音の話をしたら、

「T君それはな、変わってるって言うんやで。俺、先生を知ってるからな、ちょっと行こう」

そう言って、無理やりTさんを連れてどこか行った。

Tさんは半信半疑だったようですが、拝み屋さんみたいな六十歳ぐらいの女性がいたらしいです。

「はいはいはい」と、Tさんの家の間取りを当ててくるんですよね。

「ここな、誰か亡くなってるな。ああ、頭が痛い痛い言うよるわ。ああこれ奥さんやな」

Tさんは知っていて言わなかったんですけど、前に住んでいた人の奥さんがその家で亡くなっているらしいんですね。

「あんたなあ、二階の部屋あるやろ？　で、真ん中の部屋にクローゼットの中に姿鏡があるわ。それ、捨てなあかん」

そう言われた。

Tさん、住み始めてから二階ですぐ奇妙なことがあったから、怖くて二階はほぼ上がったことがなかった。

だから二階にある、そのクローゼットを開けたことがないんですよね。

家に帰ると、Tさんはすぐ二階の真ん中の部屋のクローゼットを開けようとしたのですが、建て付けが悪くてなかなか開かない。

必死になって開けようとしていたら、ガタガタガタという音がする。それは、あのいつも聞いていた階段を上りきった後の音だったんですよ。

（あの音や）と思って、中を見たら、案の定、姿鏡があった。

あのお婆さんが言ってたのはこれや、と思い、それを捨てたそうです。

それからはピタッと音はしなくなったそうなのですが。


「最近また出よるんですわあ」

Tさんが言ったその瞬間、

「痛い痛い痛い痛い痛い痛い痛い」

と声だけが通っていったんです。

その通っていった先、というのが居間の入り口なんですけど、少しだけドアが開いてるんです、その隙間から、スッと女の人が横切ったのが見えた。

確かに僕には、白いスカートの端がハッと見切れたんですよ。

わっと思って、隣に座るMさんを見たら、Mさんも見たらしくびっくりした顔をしている。

それで一気に怖くなって、Tさんの家をお暇《いとま》して、僕たちは帰りました。

いまだにTさん、その家で暮らしてるらしいんですよね——。

逆さの家

吉田猛々

この話はですね、Yさんという女性が二十代の頃に体験したお話です。

当時Yさんですね、夜の接客業、いわゆるキャバクラで働いていたんですね。

だけどその働いている中で、自分のルールを作っていたらしくてね、絶対お客さんとは付き合わないと決めていた。

公私混同にならないようにね。

そんなある夜、仕事をしているとすごく魅力的なお客さんが来た。

キャバクラって自分をひけらかしたい人が多く来るようなんですけど、その男性は自分をあんまり出さない、ちょっと奥ゆかしい感じの人で、年齢もひとつ上。

すごく気が合ったそうです。

そして連絡先を交換してね、二人は付き合いだした。

それから交際を始めて三年の月日が経った頃、Yさんは水商売を辞める決意するんですよ、何故ならお腹に命を宿したから。

いわゆる幸せの絶頂です。

でもね、このタイミングで二人の生活を暗転させるような出来事が起こる。

それは自分の彼が、勤めていた会社をリストラされてしまったんですよ。

Yさんは仕事を辞めたばかり、これはさすがに復職しなきゃいけないかなと焦るかたわらね、その彼は全然焦らないんですって。

ハローワークにも行かないいし、いわゆる失業手当みたいなものも申請しない。

「あなたはなんでそんな泰然自若《たいぜんじじゃく》でいられるの?」

そう訊いたら、彼はYさんの手を握って言うんですよ。

「おれの田舎で一緒に暮らそうよ」

彼の実家っていうのがですね、某県某地方の有力な網元だと。

実家が裕福なので、そこで一緒に暮らせばいいじゃないかっていうことだったんですよ。

ですけど東京からいきなりいわゆる田舎に行くわけです。

Yさんかなり迷ったらしいんですけど、「旦那の実家に同居しなくてもいい」ということが決め手になって移住を決意した。

そして、新しい生活が始まります。

実家の近くにマンションを借りて、そこの家賃も旦那の実家が全部出してくれる。幸せですよね。

そして数年経った後、Yさんは二人の女の子の母親になった。

後にまた妊娠するんですけどね、検診で三人目も女の子だとわかった。

「これから三姉妹になるんだな」って、Yさんがそんなことをぼんやり考えていた、ある日曜日。

実家のお母さんが急にやってきたらしいんですね。

お母さんはすごく優しい方でね、ニコニコしながら二人の孫に聞くんですって。

「○○ちゃんは何色が好き?」

娘二人が水色を好きなので、

「水色!」

と言ったら、

「じゃあ、七五三の着物は水色にしようね。そして、もう一つプレゼント。お家建ててあげるね」

って言うんですって。

実家の近くに空いた土地があるから、そこに新しい家を建ててあげると。

三人目が産まれてマンションでは手狭になるだろうから、ということだったらしいんですよ。

Yさん、ありがたいなと思ったんですけどね、お母さんは「内装や家に関しては私たちに決めさせてくれ」と言う。

不服ではあったけど自分達の出費はない。

それなら入った後にインテリアを凝ればいいや、とYさんは思い、快諾した。

それからはひとつ楽しみが増えた感じというか、買い物に行く時にわざわざ建築現場の前を通るようにして、更地から基礎ができて、家がどんどんできていくのを楽しみにしていた。

そんなある日のこと。

Yさん邸の建築現場で働いている人というのは、実家の網元の手足となって働いている人足。いわゆる網子の方たちが働いているんですけど、工事現場を通りかかった際、あまり聞きたくない言葉がYさんの耳に入ってきた。

「いやあ、まったくこんな仕事させやがって…」

Yさんね、その時に実家と働いてくれている、いわゆる労働力である網子との関係が、あまりうまくいってないんだな、なにかしらのねじれがあるんじゃないかな、と思ったらしいんです。

安い給金で無理させてるのかな？　って。

それから数ヶ月経って無事に家が完成した。

立派な日本家屋、これから楽しい生活が始まる。

はずだったんです。だったとはね、何故か、そこに住みだしてからYさんの周りで不運なことがどんどん起きだした。

妊娠していた三人目の流産。

二人の娘の体調不良。

末の娘は熱を出して伏せるようになり、上の娘も家にいると平衡感覚がおかしくなるようで、「おうちにいると頭がぐるぐるする」と言い出し、部屋の中を歩きながらつまずいて、柱に頭をガツンとぶつけたりする。

気分転換のために、「お庭で遊ぼう」と言うと、娘たちは「庭は絶対いやだ」と言う。

「なんでお庭がいやなの？」と訊くと信じられない言葉が返ってきた。

「お庭は足が咲いてるから嫌だ！」

Yさん自身、多少霊感があって庭の雰囲気はよくないと感じていた。

それだけに、娘のその言葉がすごく気持ち悪く感じたらしいんですよ。

そこでまず「家を詳しく調べてもらおう」ということで、自分がキャバクラで働いていた時のお客さんで建築関係に詳しい方がいたので、ご主人がいない時に来てもらった。

そうしたらその人ね、家に入ってしばらくしたら言うんですって。

「ああ、これはだめだな」

「だめだなってなにが？　なんか霊的なこと？」

Yさん、そう訊くと、

「いや、違う違う。これ、柱見てくれや」

そう言って柱をパンパンと手で叩きながら言う。

「これ逆柱《さかばしら》だよ」

一般的に、柱を立てる時に樹木が生えているのと逆につけてしまうことを逆柱と言って、これは家に凶事をもたらす、家運を下げるとされているんです。

そしてさらにね、屋根裏にも上って調べてもらったらその家で使われている柱、数十本あった中、三分の二以上がその逆柱だったらしいんですよ。

しかも屋根裏の逆柱にはね、水色の着物を着た日本人形の女の子が、逆さにされてぐるぐる巻きに縛り付けられてあったんです。

数十本ある柱に、それが全部巻き付けられているんですよ。

実際、屋根裏にそういう呪物を置くことっていうのはあるんですよ。

例えばナマズのミイラだったら、それは火伏せであったり、火事除けになります。

実際、一部の地方では柱に日本人形を縛り付けることによって、これを人柱《ひとばしら》として見立て、その家の繁栄を保つという考えもある。

だけど、Yさんの家には逆さにされた日本人形が逆柱全部に縛り付けられていた。

その時にYさんは、自分の娘が「頭がぐるぐるする」と言って、平衡感覚がおかしくなっていた理由がわかった気がした。

逆さにされた日本人形、それに我が子が重なって感じられてしまった。

そして建築していた時に網子が言っていた「まったくこんな仕事させやがって」の意味もなんとなくわかった。「こんな縁起でもない家を建てさせて」ということだったんじゃないかって。

そしてまずその土地自体もよくなかったんでしょう。

思い出される娘の言っていた「足が咲いている」も、この土地は「人を逆さに埋めて始末する」ような忌まわしい過去があった土地なんじゃないかと。

網元、網子の関係の中なのか、それとはまた違う時代のことかはわからない。

答えはわからないながらもね、わかったこと全てをYさん、ご主人にぶつけた。

その返事――。

「ごめん。でも俺はね、両親には何も言えないんだよ」

その一言に失望したYさんは二人の娘を連れて家を飛び出した。

そしてその後、東京に戻って、娘二人と今では幸せに暮らしている、というお話でございました。

くるくるくる

夜馬裕

この話をしてくださった池田さん、若い頃に事故物件に住んでいたことがあるんです。

一階が三部屋、二階が三部屋のアパートで、二階の角部屋に住んでいたそうです。

このアパートの立地がちょっと変わっていて、Y字路になっているところの真ん中にある。

通りを挟んで大家さんの一家が住んでいる家が、こちら側にも一軒、通りを挟んで反対側にも一軒ある。

つまり大家さん一家の家と、二軒に挟まれた場所にアパートがあるんです。

さて、池田さんはそのアパートに引っ越したんですが、部屋の前の住人は仕事をしている健康で若い男性だったそうなのに、なぜか自宅で餓死をしたそうです。

破格の安さだったので借りたんですが、住み始めてみると早速おかしなことが起き始めた。

まず朝起きると、机の上の物や棚の上の物が明らかに部屋の中に散らかっている。

（なんだこれ、事故物件だから幽霊の仕業か？）と思って、（よし、自分の目で確かめてやろう）と思うんですが、夜中の一時になると決まって眠くなってしまう。

なぜか池田さん、夜中に起きていられないんです。

仕方がないのでビデオカメラを買ってきて部屋の中に設置して、一晩中撮ってやるぞということになった。

翌朝、見てみると驚いたんです。

本当に人影が映っている。

それ、隣の家から来るんです。

まず隣の部屋の壁から、黒い影がスッとすり抜けて出てくる。

その後にもう一つ白い影が続くんですが、この白い影は黒い影のほうにズルズルズルズルと引きずられているんです。

白い影は倒れた姿勢なんですが、首元を黒い影がつかんで、横になった姿勢でズルズルと引きずっていくんですね。

この二つの影が、眠っている彼の横をゆっくりと抜けて、部屋を横切っていくんです。

白い影は抵抗しようとしているのか、引きずられながら手足をバタつかせるんです。だから机の上の物や棚の上の物が落ちてしまって、散らかっていく。

やがて二つの影は部屋を横切ると、通りに面した窓の側、そこをすり抜けて完全に外に消えてしまった。

部屋が散らかる理由はわかるんですが、外に消えていった二つの影が気になる。

そこで今度は池田さん、ベランダにカメラを設置して外側を映すことにしたんです。

翌日、見てみると、やはり自分の通りに面した窓を抜けてくる二つの人影が、ベランダを横切っていく。

そのまま宙を浮いて、まるでそこに見えない道があるように、真っ直ぐ進んでいくんです。

黒い影は白い影を、やはりズルズルと無理やり引きずっていく。

ベランダから通りの上空を渡って進んでいくのですが、通りを渡ったところにある大家さんの家、その二階の窓に向かっていくんです。

この大家さんの家の二階というのが、大きな窓があるんですがカーテンが開けられていて中は真っ暗でよく見えない。そこに家族なのか、三人の人影が窓辺に立っている。

彼らみんなで、上げた腕をくるくるくるくるくる回し続けるんです。

そこに向かって黒い影が白い影を引きずってまっすぐ進んでいって、やがて部屋に吸い込まれた。

影が消えると、カーテンがさっと閉められて終わりになる。

見終わった池田さん、驚いた。

いったいこれは何が行われているんだ?

考えてみたら影は隣の部屋から来る。

まず、隣の人間に変なことがないか確かめてみよう、そして訊いてみよう、と思ったら、隣の人、確かに最近とにかく怖い夢を毎晩見る、と言うんです。

どんな夢かというと、眠っているとすぐそばに男が立って自分の襟首をつかんで、ズルズルと引きずっていく。

しかもその引きずる男というのが、以前に池田さんの部屋に住んでいた亡くなった男性だっていうんです。

引きずられながら進むと、向こう側に笑顔の人たちが手をくるくるくるくる回しながら立っている。

そして彼らの近くに行くともう引きずられないんですが、今度は笑顔の人たちが手足をグッと押さえつけてくる。

少し離れたところに、おばあちゃんと小さな赤ちゃんがいる。

これがね、自分のほうに向かってズーズーズーっと進んでくるんです。

身動きができないまま老婆と赤ちゃんが近づいてきて、最後に彼ら、自分の首筋にガブッと食らいついてきた。

あまりの恐怖にずうっと悲鳴を上げ続ける、そんな夢を毎晩見るというんです。

眠りが良くないせいか体調が悪くてどんどん痩《や》せて困っている、そんなふうに話されました。

池田さん心の中で、なるほど死んだ人間が黒い影、生きてるのが白い影、そういうことか、と思ったそうです。

さて部屋にいると、夜中の一時頃になれば必ず眠くなる。

ただ自分の目でどうしても確かめてみたいので、その晩、今度は外に出てY字路が見えるような場所で待機していたんです。

一時頃になると向かいの大家さんの二階の窓が開いて、そこで立っている人影が手をくるくるくるくると回している。

そうすると角部屋の自分の部屋の窓から、カメラで見たほどはっきりはしていないんですが、黒と白の靄がスッと宙を進んでいくんです。

そして部屋に吸い込まれて消える。

ただ驚いたことに、これ自分の部屋の側だけじゃなかったんです。

三部屋ある反対側の角部屋、こっちのほうからもまったく同じように黒と白の靄が出て、同じように進んでいくんです。

こっちのほうも、進んでいく先には通りを挟んでまた別の大家さんの家族が住んでいる。

その二階に向かって進んでいくんですが、二階のカーテンがやはり開いていて、そこでも人影が手をくるくるくるくると回しながら立っている。

そこに向かって吸い込まれていったんです。

左右対称、まったく同じように、黒と白の人影が大家さんの家に吸い込まれていく。

まるで合わせ鏡のようだった、と池田さん言っていました。

これを見てから池田さん、近所の飲み屋なんかで大家さんの一家のことを色々訊いたんです。

悪い噂はありませんが、自分の住んでいる側の大家さんの家では最近おばあちゃんが病気になったそうで、反対側のほうの家には最近、赤ちゃんが生まれたことを知った。

ただ近所の人、おばあちゃんの病気、誰も心配していないんです。

というのも、この大家さんの一家、病気をするとすぐに治る。

みんな健康で長生きなんです。

これを聞いた池田さん、とにかく怖くなって、隣の家の人間がダメになったら次は自分が引きずられる番だ、そう思って二ヶ月間必死に引っ越し資金を貯めて、アパートを飛び出したそうです。

この話を聞き終えて私、

「ところで隣の人には教えてあげてなかったんですか?」

と訊いたら、

「いやあ三部屋あるといっても、反対側の角部屋は人住んでなかったんですよ。だから隣さんが逃げ出しちゃったら、白い影になって引きずられるの、次はぼくの番じゃないですか。だからね、お金貯める間、身代わりとして頑張ってもらったんです。その後、どうなったか知りませんけど。ははは」

笑いながら、池田さん、こんな話を聞かせてくださいました。

小一郎様

吉田猛々

Aさんという男性の方が、今から六十年ほど前に体験した、一九六〇年代のお話です。

当時、小学二年生だったA少年。

東京で生まれ育ったんですが、両親が離婚した関係で母方の実家に引っ越すことになった。

その実家というのがね、大分県の山奥なんですね。

東京のマンション生活だったのが、急に大分の山奥で過ごすことになる。

そして同居するのが母親と母親のお父さん、いわゆる母方のお祖父《じい》ちゃんにあたる人。

普段の生活もね、母親は仕事で出かけているので、日中はいないんですね。

A少年が学校から帰ってくると、家にいるのはそのお祖父ちゃんだけ。

さらにそのお祖父ちゃんというのが、あまり孫にベタベタするタイプではなく、どちらかというと、背中を見て生き方を学べみたいな、突き放す感じのお祖父ちゃんだった。

子供からしたら少しとっつきにくいですよね。

そしてA少年には友だちができなかった。

自分の住んでいる家から近所の民家があるところまで歩いて十分ぐらい、しかも数軒あるだけなんですよ。

そんな地域の学校で友だちを作ろうにも、昔の村文化なんで排他的なんですね。

都会から来たというだけで異分子扱い、友だちができなかった。

でもA少年、寂《さび》しいながらも我慢して毎日学校に通っていた。

そんなある日の下校の途中、数少ない民家の横を通った時に、そこに住んでいると思しき夫婦の会話が聞こえてきた。

「今年はこういちろうの服をどうしようか。今年はこういちろうの服、作らなくていいかな」

こういちろう？

A少年は思った。

「この家には子供がいるんだ！」って。

自分の家の近くに、年齢が近いのかわからないけど子供がいることがわかった、やっと見つけた、と。

これは仲良くなるチャンスだ！　っていうことでね、玄関に回っていって表札を見てみた。

でもそこには「こういちろう」という名前はなかったんです。

あれっ？　と思って首を傾げるA少年を、玄関で草むしりをしていたお婆ちゃんが「何見てんの？」と声をかけた。

「あの、こういちろう君っていないですか？」

「いないよ、そんなのは」

冷たく言われてしまった。

A少年、「そうか、じゃあ自分の聞き間違いだったのか」って、すごく悲しくなりながら家に向かって歩き出した。

自分の中で勝手にだけど「友だちになれるかな」と期待しただけに、その希望が急になくなってしまったというのが、小学校二年生の少年の心の中ですごく重かった。

そして更に実はその日に、A少年にとってすごく嫌なことが学校であったんです。A少年はちょっと不器用だったらしいんですけど、その日、学校で折り紙をする授業があってね、自分が折った折り紙を「おまえ下手くそだな」と、同級生たちに言われたのがすごく腹が立って、悔しかった。

そういう嫌なことが重なってしまった日だった。

でね、そういう時にA少年が必ず行く秘密の場所っていうのがあったんです。家から五分ぐらいのところ、ちょっとした森というか、林のような場所があった。A少年は、自分が寂しくなるといつもそこに行くようにしていたんですね。

その木々の間に入って自分が落ち着ける場所に着いたら、ポロポロポロポロと涙があふれてきた。

「なんで自分はこんな寂しい思いをしなきゃいけないのかな」

そう思うと、その寂しさというのが怒りに変わるわけですよ。

やがて「なんで自分だけがこんな思いしなきゃいけないんだ!」と怒りがわいてきた。

怒りにまかせてね、A少年、周りの枝を折ったり木を蹴ったり、暴れ回った。

泣きながら暴れながら、森の中を走り回るうちに、自分がいつもは行かない奥のほうまで来てしまった。

そしてそこでA少年、妙なものを見つけた。

そこには、盛り土のようなものがしてあって、その上に石のようなものが載せてあった。

そしてその石はね、紙で作られた着物のようなもので包まれていたらしいんですよ。

「なんだこれ?」

そのよくわからない物体を見てね、A少年はその日、折り紙が「下手くそ」だと言われた悔しいことを思い出してしまった。

泥まみれでボロボロになった紙を纏《まと》っている石を見て、なんだか腹が立って、煽《あお》られたような気分になったA少年は、その石を包んでいた紙をはがし、ビリビリに破いてまき散らした。

そんな行為が終わった後、森から出て家にとぼとぼ帰るわけですけど、自分の中に色んな感情がある。

怒ったり悲しんだり、そして凹んだり、一日で色んな感情を味わってしまった。

小学校二年生の少年ですから、もうへとへとに疲れてるわけですよね。

家の玄関に入ったら、いつもはいないお母さんがその時はたまたま早く帰ってきていたらしくて、出迎えてくれた。

母親だと息子の心の機微なんてすぐ気づきますから、「ちょっと大丈夫？　なんか疲れてない？」と、声をかけてきたんです。

だけどA少年は、母親に自分が疲れてるとか、寂しいとかいう思いを悟られてしまうのがすごく嫌だった。だから、

「別に疲れてなんかないよ‼」

そう言って、二階の自分の部屋まで走って階段を上がっていって、部屋の扉を強く閉めた。

そして布団にうつ伏せになって涙を流していたらね、いつの間にかA少年、抗《あらが》えないぐらいの眠気に襲われて、眠ってしまった。

そしてA少年は夢をみた。

その夢の中でね、A少年はさっき紙をビリビリに破いた石のある、あの森に一人でいるんです。

するとね、周りは真っ暗な中ね、森の向こうから一人ずつ、自分が東京でお世話に

なった人たちが現れるんですって。

離婚したお父さん、そのお父さんの弟の叔父さん、学校の先生、友達。

懐かしい人たちが自分の前に現れて、ニコニコしながら話しかけてくるんだけど、全員、上半身が裸らしいんですよ。

(なんだろうこれは?)

そう思っていると、パッとその場にいた全員が消えてしまった。

すると今度は自分の目の前に、キツネらしきものが現れてね、笹の葉っぱのようなものを手に持って、自分の体の前で左右に、楽しげに動かすらしいんです。

その動きというのがすごく楽しくて、滑稽で面白くて、夢の中で自分もその動きを真似してみた。

とても楽しくて、夢で狐の真似をしていたらね、パッと目が覚めた。

すると目の前にはお祖父ちゃんとお母さんが難しい顔をして座っていた。

そしてお祖父ちゃんがA少年に向かって、

「おまえどうした、つかれてんのか?」

A少年は、お祖父ちゃんにもお母さんと同じように、自分の疲れをわかられてしまったのがとても嫌だった。

だから言ったんです。

「いやそんなことない、疲れてないよ」

するとね、お祖父ちゃん、

「バカ！　つかれてるっていうのは取り憑かれてるってことだ」

と。

ここからは、お祖父ちゃんとお母さんが見た話なんですけどね、A少年が帰ってきて二階に上がっていった後に、二階で何かが暴れるような音が聞こえた。

なんだろう？　と思って二階に上がり、扉を開けてみたら、A少年が白目を剥《む》きながらバットを持って部屋の中で暴れまわっていたらしいんですね。

そこでお祖父ちゃんがA少年に平手をして、正気に戻した。

「いったい、おまえ今日何があったんだ？」

お祖父ちゃんにそう問い詰められて、A少年は今日あったことを全部話したらしいんです。

そして森の奥での石の話になったところで、お祖父ちゃんは、

「なんてことをしたんだ！　だけど言っておかなかったのも悪かった。明日は学校休みなさい」

そう言われた。


そして翌日、A少年、お祖父ちゃん、お母さん、そして近所の方も一緒にね、その森に行って、昨日、石にかかっていた紙をビリビリにしてしまったところの前にゴザを敷いて、みんなそこに正座する。

するとお祖父ちゃんが「そろそろ天台さんが来るから」と、どうやら天台宗のお坊さんをその場に呼んでいたらしいんです。

そしてお坊さんの読経に合わせ、みんなで石に向かって頭を垂れた。

これは結局なんだったのかというと、「小一郎《こいちろう》信仰」というものが大分県の一部には残っているんですね。

いわゆるその地域、その地域の神様であると。

そしてそのお祀りの仕方というのが御神体と定めた石に、毎年二回、紙の服を着せていくんです。

それがどんどん着膨れしていくと、それは幸運の証、その周辺に悪いことが起こらない証とされている。

反対に、その紙の服がボロボロであったり、破れていたりすると、悪いことがその一帯で起こる、凶事が起こるというもの。いわゆる吉凶の指針になるようなものだった。

A少年はそれを知らずに、ボロボロにしてしまった。

下校途中の家で、A少年が「こういちろう」と聞き間違えたのは、子どもがいるわけではなかった。

「今年は別に、こういちろうの服は作らなくていいかな……」ということは、その周辺で「小一郎信仰」自体が廃れていっていたということだったんですね。

そう考えると、A少年の夢でお世話になった人の上半身が裸だったのは、服を破られた小一郎様からの暗示ともとれますよね。

そしてこれをきっかけに、その地区では、今一度「小一郎信仰」というものを見直して、再度周囲から厚く敬《うやま》われ、信仰されるようになった。

そんな不思議なお話でございました。

事故物件

田中俊行

僕、地元が神戸でして、今年の三月に東京に出てきたんですよ。深川に家を借りてですね、一人暮らしを始めてるんですね。

東京のほうでの仕事が結構多くなってきたので、それを機に引っ越したんですけど、母親が、間取りだったり風水的な時季だったりとか、そういうのを気にするほうで、どうしてもと、知ってる先生がいるからと訊いてもらったんです。

今住んでるところは「すごく良い」と言われてるんですけど、この前にですね、ぼくがどうしても関東に来る時にずっと住みたかったある場所があるんですよ。

そこも来る時には診てもらったんですが「絶対にやめとけ」と言われた場所なんですよ。もう時季とかいうことじゃなくて「その場所には絶対に行くな」と、その先生が怒るぐらいやったんですけど、それにまつわる話なんですよ。

これから話す奇妙なお話は、怪談仲間の小泉怪奇さんから聞いた話です。

その場所は、関東のとある駅から十分ぐらいのところなんですが、二十年ほど前に、都内で働く女性の方から、こういう話を聞いたんです。

当時、女性が二十三歳の時に、大学から付き合ってた彼氏がいて、その彼が同棲を視野に入れて2Kのアパートを F市のとある駅の周辺に借りたんですよ。

一ヶ月ほどしてから彼女が部屋に行くと、彼は一心不乱にギターを弾いているんです。

「なにしてんの?」と訊いたら、

「いやちょっと最近な、変な夢を見る」と言う。

「どんな夢?」

「カセットデッキが置いてあって、そこから全然知らん曲が流れてくるんや。ただそれだけやねんけど、その曲が頭にこびりついて。だから、ちょっとカバーしてんねん。毎回途中で終わるんやけど、幸いに毎晩見れるから、これたぶん、完成するで」

変なこと言うな、と彼女は思っていた。

それから一ヶ月後ぐらいに、彼から、

「曲ができたで、聴きに来いや」

そう言われて行くと、彼が夢の中で聞いたという曲をカバーしたものを、カセットテープに吹き込んだという。それを再生して聴かせてくれた。

彼氏は興奮してるんですけど、彼女的にはまったくいい曲ではなかったという。

そのあたりから、彼がおかしくなってきたと言うんです。

紳士的だった彼がちょっと凶暴になってきた。その頃、彼女は仕事が忙しくて、なかなか会えることもなかったんですけど「とりあえず早く家に来いや、同棲しようや」とせっつくように、ポケベルの時代だったのですが、ずっとベルが鳴るんです。

「一緒にいて。この部屋で寝るとええ夢見れるから」

そして、ちょっとよくわからないこと言うんです。

彼女は辟易《へきえき》したんですけど、あまりにもしつこいもんで、「わかった、行くから」と、その日、仕事をなんとか終わらせて彼の部屋に向かったんです。

部屋では二人でテレビとか見ながら過ごして、「そろそろ寝よか」という時に、「あそうや、これこれこれ」と、彼がカセットデッキであの曲を流そうとする。

彼女はその曲をいいとは思っていなかったので、「もうやめて」と言ったけれど、彼はニコニコして流すんですね。

(喧嘩するのもいややしな)と思って、彼女はベッドで彼に背中を向けて布団にくるまった。彼は床に布団を敷いて寝転がり、そして曲を流し出した。

(わあ、いややな)

彼女は思ったものの、なぜかその曲が流れてきたらスーッと意識が遠のいて――。

あれ？　と思って気づいたら、なぜか彼の部屋のキッチンに立ってるんです。

床には彼が仰向《あおむ》けになって寝転んでいる。そしてあの曲が流れてるんですよ。

なんやこれ？　と思ったら、体が動かない。でも目だけは動くんですね。

彼の足元のほうに人の気配を感じるので目線を動かしたら、見知らぬ男女がいて、コソコソと話しているんです。

男が何かを命令していて、女が「わかった」みたいな感じで、寝ている彼の右腕をガっと押さえている。見知らぬ男は手にノコギリを持っている。

そして――彼の腕をノコギリを引いて切断していくんです。

彼女はそれを見せられているんですけど、体が動かない。

見知らぬ男女が必死になって自分の彼の体を解体していくのを見せられている。

声を出そうにも出ない、助けようにも……でも現実感がない。

何時間が経ったのかわからないのですが、最後に彼の頭を女が持って、男は首にノコギリをあてて引いていく。

肉が裂けて見える。床は血の海になっている。

男は必死になって切断すると、ゴロンッと彼の首が転がってきてこちらを向いて止まった。そして彼女と目が合った。

彼の顔の筋肉が緩《ゆる》んで、なんともいえない恍惚《こうこつ》とした表情をした。

その瞬間に恐怖とか絶望感とかあらゆる感情ががっと噴き出してきて、彼女は「うわーっ！」と大きな声を出してしまった。

はっと気づくと、天井を見ている。

汗だくになって——紛れもなく、それは夢だったんです。

体を起こして、時計を見ると朝の七時。

変な夢見たなあと思っていたら、床に寝ていた彼も起き上がり「おはよう」と言う。

そして「いい夢見れたでしょ？」と続ける。

「いや見れてないよ、悪いよ」

「あれえ？　いい夢見れたはずやのになあ。夢の中におったはずやのになあ。ちなみにどんな夢見た？」

そう彼が訊いてくる。

「いや、どんな夢って、あんたが全然知らん男と女にキッチンで殺されてる夢やで」

そう言ったら彼が「やっぱり同じ夢見てるじゃん！」と目を輝かせた。

「やっぱ、そうなんだ。いや、おれ床に転がってたやろ？　目が合ったよね？　で、切られていくやん」

そう言ってくる、夢を共有してるんですよ。

「いや、でも、いい夢じゃないでしょ？」

「いやいや、違うねん違うねん。あれすごい開放感があるんよ。体切られていくと、あれテープ流したら見れんねん。でもな、あれ続きがあるから、あれまだあそこで終わりじゃないのよ。いっつもな、ちょっと最後まで行かへんねんな。これ、またこれテープ流したら聴けるから、これ毎晩聴こうよ。それで寝ようよ」

そう言われてゾッとして、まだ早かったんですけど、彼女は荷物をまとめて部屋を出てしまった。それをきっかけに、彼とは疎遠になっていって、半年後には、ちゃんと話をして別れることになったんです。

一年後、彼は東北の出身なんですけど、その実家から電話があったんですよ。大学時代からの付き合いで実家にも行ったことがあったので、連絡先を知っていたんでしょうね。彼の母親からの電話で、彼が亡くなったことを知らされた。そして、

「あんたのせいで息子が死んだ」

と罵《ののし》られた。

何があったかを聞くと、彼は別れた後に会社を辞めて実家に戻っていた。そしてある日、車で出かけてくるわと言って、そのまま帰らなくなった。

捜索願いを出していても見つからなかったんですが、林業の人が山道で彼の車を発見した。車内を見ると彼が死んでいた。異様だったのが、彼は自分の頬《ほほ》の肉とか太ものの肉とかを刃物で削《そ》いでいた。死因は失血死だったそうです。

事件性がないということで、自殺とされたそうです。そのことから、彼の母親に、

「あなたと付き合ってからおかしくなった」

と責められたそうです。彼女もショックで、とにかく謝るしかなかった。

しかし彼女はこう言います。

「彼があの部屋に引っ越してギターを弾き出して――変な夢を見てから、おかしくなったんです」

彼女は現在は結婚されて都内にいるんですけど、忘れたくても忘れられない出来事がありました、と二十年前に話してくれたんです。

この場所なんですけど、市名を聞けば殺人事件や猟奇事件に詳しい人ならピンとくるんですけど、僕もそうなんですけど、ここで凄惨な猟奇事件があったんですよ。

その事件と女性の話に出てくる部屋での夢がとても似ていると気がついて、調べてみると市も同じ、最寄りの駅も一緒なんですよ。

その猟奇事件っていうのは三十年前のこと。彼女の話よりさらに十年前にさかのぼる一九八〇年代後半なんですけど、あるメジャーのミュージシャンが、親戚のお兄さんと自分の奥さんに監禁されるんです。お兄さんに、

「神の啓示を受けた。この世は終わるから、でもお前はミュージシャンの才能があるこの世を救う救世の曲というのを作れ」

と言われ関東のとある駅から数分のあるアパートの一室に監禁された。

曲ができて、それをカセットテープに入れた。しかし、

「いやおまえ、できたのはいいけど、悪魔に取り憑かれてるぞ」

お兄さんに言われ、二人に首を絞められて殺されるんです。

しかし、殺したのに悪魔が出ていかないということで、二人はミュージシャンの遺体を解体して肉を削いでいくんです。

監禁されてると知らされたバンドメンバーが警察と大家とその部屋に踏み込んだところ、二人で淡々と遺体の肉を削ぎながら、ずっとカセットテープからミュージシャンが作った曲を流していた――そういう事件があったんです。


小泉怪奇さんは、この事件となんか似てるな、いや駅からどっちも五分十分ぐらいのところやろ、これ同じとこやったらやばない？　と思ったんですよ。

それで今一度、二十年前のその話をしてくれた彼女に場所を訊いたらしいのですが、さすがに住所は覚えていない。でもグーグルマップがあるので、それを見ながら「ここ行って、こう行って、こう……」と指差したところが、なんと、その猟奇殺人事件があった部屋と隣接する向かいの部屋だったんです。

同じ建物じゃないんですが、本当に真向かいの部屋で、それがわかってゾッとした。

事件があった部屋から、影響を与えられてるんじゃないかなと――。

そこで彼女が思い出したのが、

「そういえば引っ越しを手伝ってた時に、ずっと向かいのアパートの部屋がうるさい、うるさいって彼が言ってました」

でも彼女はまったくそんな音を聞いたことがなかった。

その話を小泉怪奇さんに聞いて、僕はその事件とその部屋に興味が湧いてしまって、東京に来たらその場所にずっと通っていたんですよ。いずれ住もうと。

で、東京に出てくるにあたり、二十年前に彼女の彼が住んでいた部屋を調べたら、すでに入居者がいる。

じゃあ、いっそ、猟奇事件があった部屋に住もうと思って調べてみた。

そこは二階建てのアパートで、一階はある業者が入ってるんです。二階には201号室、202号室、203号室があって、一番奥の203号室が、その猟奇事件があった部屋なんです。

部屋の中の様子を窺《うかが》っても、人の気配がまったくないんですよね。というか、二階には誰も住んでないんです。

そして何回も通ったんですけど、管理をしてる会社がまったく見つからない。片っ端から不動産屋に当たったんですけど、全員がビビるんですよね、事件はもう三十年も前なんですけど。

「いや、おにいさん、なに言ってるんですか。あんなとこ住まないほうがいいですよ」と六社ぐらいから言われて。結局、管理会社が見つからなかったので、一階に入ってる業者の人に聞いたんです。

「おまえ、あんなとこに、上に住むのか？」

最初は断られるかなと思ったんですけど「じゃあ、管理会社教えたれ」と受付の人に社長さんらしき人が言ってくれて、すごい遠方の不動産屋だったけれど教えてくれた。

また噂では、一階の業者が入っている上の部屋というのは２０１号室、２０２号室なんです。

猟奇事件があった２０３号室の下というのは、その業者の倉庫になっている。

「うちの倉庫って、私たちもそうなんですけど、誰も入りたがらないんですよね」

受付の人が言うので「なんでなんですか?」と訊いたら、天井から知らん男が部屋の中に降りてくるらしいんです。

それから僕は、不動産屋に電話をした。その頃には、猟奇事件の被害者のミュージシャンのレコードを買ったり、記事が掲載されている様々な雑誌をオークションで集めたりと、なんだかその家に魅入られているというか、どうしても住みたくなっていた。

「じゃあいいですけど田中さん、あそこ事故物件ですよ」

連絡がついたら不動産屋の人が、そう言う。

「いや、もちろんわかってますよ。安かったら住みます、いくらなんですか?」

「月一万です」

五畳ほどのキッチンと六畳の部屋とユニットバスが付いていて、家賃が一万。安すぎるなと思って「もう決めます、絶対住みます」と即答した。

すると、その不動産屋が続けた。

「それじゃあ、とりあえず見てください」

「ああ、いいけども絶対住みますよ」

「とりあえず見てください、そのままなんで」

「え？　そのままってなんですか？」

「いや、そのままなんで、とりあえず部屋見てください、そのままなんで」

そういう会話をして次の日、そのアパートの前で待ち合わせをした。

行くと、電話で話をした不動産屋の人が待ってくれて「こっちですよ」と二階へと促《うなが》された。そして事件のあった部屋の２０３号室に行くのかと思ったら、２０２号室の前で止まるんですよね。

「いや、ここじゃないですよ、あの奥の２０３号室ですよ」

「あ、ごめんなさい田中さん、あのう、人、住んでたんですよ」

不動産屋がそんなことを言うんです。

「いや住んでない住んでない。俺ずっと通ってるし、知ってるから。住んでない」

「いや田中さん、あそこ人住んでるんですよ、本当に人、住んでるんですよ、本当に人、住んでるんですよ」

そうずっと言うんですよ。

「じゃあ202号室やったら借りれるんですか?」

「202号室やったら借せるんですよ。家賃は一緒の一万でいいです。でもここ事務所使いになるんで、泊まれないですよ」

話が変わってるんですね。いろいろと交渉した結果、結局、僕はその202号室を借りるのも断られたんです。

現在は、深川の家に住んでいるんですけど、最初に話を聞いた風水とかを見てくれる先生にも、

「あそこには絶対住んだらいかん。おまえ、えらいことになるぞ」

と言われていたので、あの部屋に住んでいたらどうなってたのかな? と、いまだにちょっと思うのと、そして時間があったら──行ってしまうんですよね。

怪談最恐戦2021 大会データ（●は通過者）

大阪予選会

Aブロック：●田中俊行／富田安洋／Bugって花井／ユリエ
Bブロック：さる。／シャカ谷／弐代目米八そばヨシロー／●ハニートラップ梅木
Cブロック：●クダマツヒロシ／稲森誠／影野ゾウ／あまぎ
Dブロック：不安休さんa.k.a.宮平直樹fromかりゆし58／BILLY／●チカモリ鳳至／ウエダコウジ

東京予選会

Aブロック：宮代あきら／●匠平／伊山亮吉
Bブロック：ヌ・ヒカル／●いつでも丑三つ時／田川幹太
Cブロック：植松創／りっきぃ／●スズサク
Dブロック：八重樫玉藻（参加辞退）／松永瑞香／●インディ
Eブロック：●長州小力／おおぐろてん／皿屋敷あみ
Fブロック：毛利嵩志／●吉田猛々／マシンガンジョー
Gブロック：●ごまだんご／ガンジー横須賀／ごろー
Hブロック：●伊藤えん魔／Dr.マキダシ／南条

前大会優勝者シード：●夜馬裕（2020怪談最恐位）

ファイナル1回戦

Aブロック：インディ／●田中俊行／ごまだんご
Bブロック：スズサク／クダマツヒロシ／●匠平
Cブロック：ハニートラップ梅木／長州小力／●吉田猛々
Dブロック：伊藤えん魔／いつでも丑三つ時／チカモリ鳳至／●夜馬裕

ファイナル2回戦

ABブロック：●田中俊行／匠平
CDブロック：●吉田猛々／夜馬裕

ファイナル決勝戦

吉田猛々／●田中俊行

審査員：つまみ枝豆（決勝戦特別審査員）／下駄華緒（二代目怪談最恐位）／門澤清太（「実話怪談倶楽部」プロデューサー／フジテレビ）／小林忠（『怪奇蒐集者』プロデューサー／楽創社）／高橋宏行（「Channel恐怖」プロデューサー／リーレ）

オーガナイザー・MC：住倉カオス

朗読部門

グランプリ作品賞：「滲む写真（梨）」136
準グランプリ作品賞：「野戦の跡（雨森レニ）」伊藤えん魔
特別賞：「盗み聞きした猫トーク（卯ちり）」北城椿貴
最多朗読原作賞：「夢に出る母」三上りょう
怪談文庫賞：「折り鶴」ふうらい牡丹

異常行動

イベントゲスト　村上ロック

今から数年前のことです。ある晩、僕が勤めている怪談ライブバー・スリラーナイトに、五十代ぐらいのサラリーマン風の男性四人組が入ってこられました。

その回で僕、ライブしたんですけれども、ちょっとね、ぶっちゃけた話、五十代以降のサラリーマン男性に怪談をするのって難しいんですね。

たいていの場合、僕がどんなに頑張っても、「へえーっ」と冷静な反応が多いんです。で、その回の手ごたえもやっぱりいまいちだったんです。ライブが終わった後、客席に行ってお話しさせてもらうのですが、男性四人組の席に行って訊いてみた。

「あの、みなさん、怪談って興味あります?」

すると、四人中三人の方が、

「全然ありません。ぼくらね、さっきまで近場で飲んでたんですけど、その帰りに偶然この店を見つけてどんなもんかなと思って入ってきたんです。いや実際ね、五十過ぎてサラリーマンやってたら幽霊より怖いものいっぱいあるんですよ」

（ああやっぱりそういうもんか）と思ってましたら、残り一人の男性が、

「おれ、ちょっと興味あるんだよな」

と言うんですよ。その一言で周りの方たちが色めき立った。

「え、そうだったの？　おまえそういうの興味あったの？」

「いや、興味あるっていうかさ、俺、一回だけそういう体験したことあるんだよな」

そう言って、話し出したんです。


この男性が今の会社に入社した年というので、おそらく三十年以上前だと思います。この方と同期で入社した田宮さんという男性がいて、この田宮さんが非常に魅力的な方だったそうです。もうとにかく面白い。

一日中、冗談をばーっと言い続けるんですけど、これが非常に切れ味鋭いといいますか、もう職場の中でどっかんどっかんうける。

新入社員が、仕事中に冗談ばかり言っていたら上司も、「お前いい加減にしろよ」っ

て言うんでしょうけど、この田宮さんの場合は周りの上司たちもゲラゲラ笑う。

この男性もすぐに田宮さんに夢中になったそうなんですが、ただ、自分でもなぜかはわからないのですが、田宮さんに対して「面白いだけじゃない、なんらかの違和感」を感じていたと言います。

でも同期で入社して、年も同じだということで非常に気が合いまして、仕事帰りに二人でお酒を飲みに行くことが多かったそうなんです。

会社に入って数ヶ月が経った頃、その日も仕事帰りに二人で居酒屋行きまして、そこで散々お酒飲んで、「じゃあそろそろ帰るか」とお店を出て暗い夜道を二人並んでずっと歩いていた。あるところに来た時に横を歩いてた田宮さんが、「あっ」と足を止めた。

「ん、どうした？」見ましたら、ガードレールの足元のところに花束が供えてある。

一目見て、ここで事故があってどなたかが亡くなったんだな、というのがわかる。

足を止めた田宮さんは、花束に向かって手を合わせた。

その姿が衝撃的だった。

え？　田宮ってこんな一面があったんだ。普段冗談ばっかり言う面白男だと思ってたけど、何かこの人には生き死にに対して敏感なところがあるんだと。このギャップもあったのか、その姿を見てから一層強く田宮さんに惹かれるようになった。

それからさらにふた月ほど経ったある日、その夜も仕事帰りに二人で飲みに行きまして、お店を出て二人並んで夜道をずっと歩いていく。

横を歩いていた田宮さんが「あっ」と足を止める。

ふと見ましたら、目の先に葬儀場がありまして、入り口に花が出ている。

今日ここでどなたかの葬儀があったんだな、というのがわかる。

そして足を止めた田宮さん、その葬儀場に向かって手を合わせる……。

（はあん、やっぱりそうだ、この田宮って面白いだけじゃない何かこの人間的に深いところがあるんだ）

そう思い、言葉もかけずに後ろ姿をじっと見てましたら、そのうち田宮さんの肩や背中が小刻みに震えているのがわかった。

（わあ、こいつ泣いてる。知らない人の葬儀に手を合わせて、涙まで流すんだ。田宮ってできた男だな）そう思っていると、

「ふふ、ふふふ」

笑ってるんです。

え？　と思って、「田宮？」と声をかけたら、くるっと振り返った田宮さん、やっぱりニッコリ笑ってるんです。

「おまえ、何やってんの？」

「ああこれ？　俺さ、実は子供の頃から霊感強くって、でな、人が亡くなった事故現場とかこういう葬式会場の前に来るとさ、俺、必ず手を合わせるんだ。そうするとな、おまえこういうの信じるかわかんないけど、幽霊って本当にいて、俺についてくるんだよね。俺が同情してると思うんだろうな、あいつらバカだから」

それ聞いた瞬間に、あ、こいつちょっと変だなと思ったんです。

今まで自分が漠然《ばくぜん》と感じていた違和感の正体がわかった。

続けてこの田宮さん、

「おまえさ、幽霊って見たことある？」

「いや、ないけど」

「見たい？」

「え、見れんの？」

「ああ、俺ん家すぐ近所だから、おまえちょっと寄ってけよ」

と言って、そのまま田宮さんのアパートに連れていかれまして、部屋に入るなり田宮さんは、灯りを常夜灯にして一メートルぐらいの距離で向き合う。

「じゃあ行くぞ」

そう言うと、まるでパーカーのフードをかぶるような仕草をする。

でそのとたん、彼の首の後ろのあたりから真っ黒な何重にも重なった人間の手、それがドーム状になって顔の前までバサっとかぶさる。

そして、そのたくさんの指がグーと田宮さんの顔に食い込んでいく。しかし、田宮さんは微動だにしないんです。

「な、これなんだよ」と男性が再び灯りをつけるものの、それがふっと消え失せる。

マジかよって思ってたら、

「でな、俺もさ、これやることによって色んな霊が憑いてくるんだけど、ただこれ、溜まりすぎると俺も落としに行かなきゃいけねえんだ。ちょうどいいや、おまえそれも見ていくか？」

そのまま二人、深夜の住宅街をしばらく歩く。

ようやく辿り着いた先が二階建ての一軒家なんですけど、外観からしておそらく誰も住んでないんだろうなという空き家なんです。

そこに着くなり田宮さんは、ドアノブをつかんでガチャって引く。

鍵がかかってないんです。

電気も通ってない、真っ暗な家の中に慣れた様子で土足のまま上がり込んでいく。

「おい田宮、ここ誰ん家なの？」

そう訊くんですけど、何も答えない。

仕方がないので、その後ろを恐る恐るついていきましたら、この家のリビングに着いた。そしてそこでようやく、

「いや実はさ、この家ってまだ誰も気づいてないんだけどここさ、ちょっとすごい場所なんだよな。ほらおまえ、こういうの聞いたことない？　どこだかのトンネルに幽霊が出るとかそんな噂話あるだろ？」

これは心霊スポットのことなんでしょうね。

「実はこの家もそうなんだよ。というのはな、以前この家に住んでた家族ってのが、四人家族なんだけどさ、その四人全員、この家の中で首くくって死んでるんだよね。

でな、その霊がまだこの家の中にいるんだよ。それがいいんだよなあ」

そう言うと田宮さんは、その場でおしっこをしだしたんです。

ギョッとした男性は、

「おまえなにやってんの⁉」

と声を荒げると、

「いやつまりな、俺に憑いてるものを落とすには、排泄するのが一番なんだ」

これはちょっと余談になるんですけど、今から数年前に日本で公開になったホラー映画に『貞子vs伽椰子』という作品がありまして、有名な『リング』に出てくる貞子と『呪怨』に出てくる伽椰子、この二つの呪いをぶつけることによってそれを相殺する——そういった内容なんですが、この田宮さん、まさにそれをやるんです。

自分に憑いている霊をこの家に落とすことによって、この家に取り憑いてる霊とぶつける——。

そんな話を聞かされたところで（こいつ、何言ってんだろう）と男性は思ったそうなんですが、その翌日、この一軒家は不審火で全焼してるんです。

それ以来、ちょっと田宮さんのことが怖くなったそうで距離を置いてたんですが、

それでもある時、思い切って、

「なあ田宮、おまえさあ、まだそういうことやってんのか？」

と訊いたら、

「ああやってるよ」

「おまえさあ、そういうことやってて大丈夫か、俺詳しくわかんないけど、祟りだとかさ、バチが当たるとかそういうことないのか？」

田宮さん、ゲラゲラ笑いながら、

「ははは、ないないないないない、全然ない。だからおれやってんだもん」

「そっか、だったらいいけどさ。いやでもな、おまえが良くてもおまえの周りの人間、家族とかさ、そういう人たち大丈夫なのか？」

「え、家族？　家族なら全員死んだよ」

この田宮さんは、両親を含め遠縁に至るまで、親族全員を亡くしているそうなんです。

結果から言いますと、その一年後、この田宮さんも亡くなります。

冬の寒い晩だったというのですが、彼は自宅近所の踏切の前に立っていた。

遮断機が下りて向こうから電車が近づいてきている。

この様子を、後ろにいた方が一部始終目撃してるんですが、田宮さん一人なのに終止誰かと会話をしてたそうです。漏れ聞こえた声が、

「はい、はいそうですよね。はい、ええ、それはもう仕方ないと思ってます。はい、はい、はい、はあい」

そう言ってそのまま電車に飛び込んだそうです。


田宮さん自身、霊に霊をぶつけるような妙な行動を繰り返すことによって、最終的には自分でもどうしようもなくなったんじゃないか。男性はそう言って続けます。

「ただなあ、この田宮って男がなぜこの行動をするようになったのか、もう今となってはわかんないんだけど、もしかしたらあいつ、これをやることによって自分の家族が一人ずつ死んでいく、それを含めて楽しんでたんじゃないかな。だとすれば幽霊ってのも怖かったけど、あの田宮っていう男の人間性、それが一番ゾッとしたんだよな」

一見にこやかな人間のその表情の裏には、時として思いもよらない、どす黒い感情が潜んでいる、そういったこともあるのかもしれないな。

――そんなことを思ったお話でした。

怪談最恐位
準優勝ベスト4
特別書き下ろし

監禁未遂

匠平

今年の七月にスリラーナイトにテラ君という二十代後半の男性のお客様が来られた。

テラ君がお店に来たきっかけというのが、常連の藤井さんが「めちゃくちゃ面白い人を見つけたから、是非とも匠平さんに紹介したいので近々スリラーナイトに連れていきますね」と俺に以前から話しており、やっと諸々のタイミングが合い藤井さんが連れてきてくれたのが来店のきっかけだ。

俺はちょうどテラ君が入店した際に出入口すぐ右手側のキャッシャーにいたため、スタッフが予約名を聞いてテラ君を席に案内する様子を小窓から見つつ（彼がテラ君かー）と、ぼんやり全体像を捉えていた。

テラ君は上下黒い服を着ていて、痩せ型の高身長。重心が下腹部にあり、体幹がしっかりしている。スタッフとのやりとりを見る限り、俺はまだ一言も言葉を交わしていないが好青年ということがわかる。

小窓からテラ君の姿が見えなくなると、俺はキャッシャーから出て一度楽屋に入った。

本当はすぐさま挨拶をして色々とお話を伺いたかったが、お客様の居心地の良い場所を提供するのが飲食店。はやる気持ちを抑えて、テラ君が席につき、一息ついてから挨拶に行くことにする。

テラ君が入店して大体十分ぐらい経過した頃、楽屋から出て、真っ直ぐテラ君のいる席へ向かった。

「はじめまして。怪談師の匠平です」

コロナ感染拡大予防対策のため、約二メートルほど離れたところから挨拶をする。

傍から見たら挨拶するにはかなり不自然な距離感だ。

「はじめまして！　匠平さんの怪談、色々聞いたことあります！　周りからはテラって呼ばれてます」

事前に藤井さんが俺の話をテラ君に色々としてくれていたのだろうか。テラ君は警戒することなく俺のことを受け入れてくれた。

その後はどういった経緯で藤井さんとつながったのか、今は道外に住んでいて今後は札幌で生活しようと考えている話など、割とパーソナルな話をテラ君が話してくれたこともあり、たった数十分で一気に仲良くなった。

「匠平さん、テラ君の怪談話は本当に興味深いものばかりなので、ぜひ聞いてください」

藤井さんがテラ君から怪談を聞くきっかけを作ってくれた。

「そうだった！　藤井さんからザックリとテラ君のことを聞いてるんですけど、いろいろ怪談話あるみたいなんでよかったら聞かせてくれませんか？」

テラ君は少しはにかんだような表情を浮かべた。

すごく気持ちはわかる。ストレートに怪談を聞かせてと言われると恥ずかしいというか照れくさいというか、そんな表情を浮かべてしまうのだ。

「いやー、何を話せば良いんですかね？」

テラ君が藤井さんを見る。

「お父さんの話とか、透明少女の話とか、柔道部の話とか、他にもいろいろあるじゃないですか！」

藤井さんがテラ君から過去に聞いた話のタイトルを並べてくれた。

「あー、それなら今の藤井さんが言ってたタイトルから、柔道部の話を聞かせてください！」

直感とでもいうのか、それとも俺が過去に柔道をやっていたからか「柔道部の話」という語感が耳心地に良かったため、リクエストする。

「柔道部の話ですか！　俺の体験談ではないんですけど、通っていた中学校で幼馴染みが体験した話なんですよ！」

テラ君は笑顔のまま話し出した。


俺の幼馴染みでシンヤってやつがいるんですけど、こいつが学校一の悪で、俗に言う番長ってやつだったんですよ。

このシンヤが小さい頃からずっと柔道を習っていて、腕っ節も強くて、中学校も柔道部に所属していたんです。

シンヤは、学校で知らない人はいないくらい悪かったんですけど、柔道はマジで強かったから、上の学年が部活を引退してからはシンヤが部長になったんです。

柔道部ってそこそこな人数部員はいたんですけど、シンヤの影響なのか、それともたまたまそういうヤツらが集まってしまったのか、部長のシンヤが絶対的な存在で、部員はシンヤの舎弟みたいになっていて、妙な一体感というのか、学校内でも「柔道部と関わるのはやばい」って言われるくらい不良が集まった部だったんです。

そんな柔道部——っていうかシンヤに、学校で唯一、立ち向かうヤツがいたんですね。そいつ、カンバラっていうんですけど、背が低くて眼鏡をかけた自分のことをヒーローだと思い込んじゃってるちょっと痛々しいヤツなんです。

当時はそんな言葉はなかったですけど所謂《いわゆる》「厨二病《ちゅうにびょう》」ですね。

まぁなんでカンバラがシンヤに立ち向かっていくのかというと、カンバラは剣道部に所属していて、部活を行う「柔剣道室」が剣道部と柔道部が部屋を半分に分けて一緒に使うんですね。

それでカンバラは何か柔道部に対して気に食わないことがあればシンヤに戦いを挑んで、毎回ボッコボコにされていたんです。

だけど、カンバラもメンタルが強いっていうのか、懲りないっていうのか、何度ボコボコにされてもシンヤに突っかかっていくんですよ。

途中からは俺たちの学年の名物企画みたくなってて、カンバラとシンヤが戯れあってるように見えてきて、みんなで二人の喧嘩を笑って見るようになっていたんです。

でも、剣道部の他の部員は、柔道部と関わりたくなかったんで、毎回柔道部に絡みに行くカンバラのことを切り捨てて、助けることもしないんです。

そんな状況がしばらく続いたある日、シンヤが俺のところに「話があるから聞いてほしい」って言ってきたんですよ。

「どうした?」

「あのさ、カンバラのことをこの前もボコったんだよ」

「うん。いつも通りじゃんか」

「それがさ、なんかカンバラ……怖かった」

「え?　どういうこと?」

シンヤの様子がいつもと違うんです。

不良の中の不良、学校一の番長で怖いもの知らずのシンヤがどうやら怯えてるんです。

「カンバラが怖かったんだよ」

「だから、どう怖かったんだよ?」

シンヤは何が気になるのか、周囲を見回しながら話し出したんです。

その日も、剣道部と柔道部が柔剣道室を半分ずつに分けて練習をしていたんです。両部の顧問がいない時間、ひょんなことからカンバラが柔道部に絡みに行って、案の定いつも通り、カンバラとシンヤの喧嘩にもならない喧嘩が始まったそうです。

柔道部と関わりたくない他の剣道部員は早々に部活動を終了し、片付けも終わらせてカンバラを一人残して帰ってしまったんです。

普段なら顧問が戻ってきた段階でカンバラとシンヤの喧嘩は終わるんですけど、剣道部の顧問は部員が帰ったため柔剣道室に来ることはもうない。柔道部の顧問も会議があるとのことで、今日は柔剣道室に来ない。

それを知っていたシンヤをはじめとする柔道部員は、カンバラが二度と自分たちに歯向かってこないように、いつもより酷《ひど》い目に遭わせようとなったんです。

あたりを見渡してみると使わなくなった帯が大量に棚に置いてあり、その帯を部員たちに持たせると、カンバラを柔剣道室内の更衣室に連れていく。そして更衣室内に一脚だけある椅子にカンバラを座らせた後、その椅子ごとカンバラをそれらの帯でぐるぐる巻きに縛り上げてしまったんです。

そして椅子に縛り上げたカンバラを一人更衣室に残し、更衣室の扉を閉めると、そのまま柔道部全員、帰ったんですよ。

いや、マジでイカれてますよね。

その次の日ですよ。

学校に着いてすぐシンヤは、校内放送で柔道部の顧問に呼び出しをくらって、朝から職員室に行くことになったんです。

職員室に入って顧問の先生が座っている椅子の前に立つと、先生はシンヤに対して
「お前、とんでもないことをしでかしてたなぁ」と呆れながら言いました。

昨日のカンバラのことで呼び出されたってことはわかりきってるんですけど、やっぱり不良だからなのか、シンヤは、

「なんの用で呼び出したんだよ。朝からめんどくせえなー」

と、しらを切ろうとしたんです。

だけど、そんなことで逃げ切れるわけないじゃないですか。先生が続けるんです。

「あのな、お前がやったことって本当にとんでもないことだぞ？　もう犯罪だよ。犯罪」

シンヤもネタが上がってるなら嘘をつき続けても仕方ないって思って、適当に相槌《あいづち》打って、先生の話を聞いていたんです。

「しかも、お前、一人じゃないだろ？」

「あ？」

「いやいや、だからお前な、一人だったらまだしも、三人もって、ホントどういう神経してるんだ？」

カンバラの話だと思って聞いていたら、急に話が見えなくなったんです。

「え？　なんの話してんの？」

適当な相槌を打っていたシンヤが先生に聞いたんですよ。

「いや、だから、三人も、あんなことしたらダメだろ？」

話が進まない。

「あのさ、今俺ってカンバラの話で怒られてるんだよね？」

「え？　カンバラ？　剣道部のか？」

「そう。カンバラの話で呼び出されたんだよな？」

「何を言ってるんだ？　カンバラなんて関係ないぞ」

意味がわからないんです。カンバラの件じゃないなら呼び出されることはないはず。

「あ？　じゃあ俺なんで呼び出されたんだよ」

「俺が呼び出したのは、お前は昨日、他校の生徒を三人、校内に入れただろ？　しかも、その三人を柔剣道室に閉じ込めた——それについてだ」

まったく知らない話をまるで自分が犯人かのように先生に説明されて、シンヤは苛立ちを隠せなくなって声を荒げた。

「マジでそんなの知らねぇよ。意味わかんないし、帰るぞ」

シンヤは縛られたカンバラを先生が見つけて、先生がカンバラから事情を聞いて、それで呼び出されたと思っていたんです。でも、先生が話す内容はまったく別のものだったんです。

先生はそんなシンヤに淡々と話をする。

「学校の警備員が夜に構内を巡回している時に、柔剣道室から人の気配がして扉を開けてみると、中学二年から高校一年くらいの男の子二人と女の子一人がいて、何をしているんだって聞いたら、ここに連れてこられて閉じ込められていたって話をその3人がしたから、警備員が誰に閉じ込められたのか聞いたら、シンヤのことを話していたって、俺は今朝警備員さんに聞いて、それでお前を呼び出して説教しているんだ」

「誰だ？　その三人……」

シンヤからしたらまったく身に覚えのない話なんです。

「カンバラは？　俺がカンバラを更衣室の椅子に縛り付けて帰ったたって話で呼び出されたんじゃないの？」

「シンヤ、さっきからお前こそカンバラ、カンバラってなんの話をしているんだ？」

結局、お互いに話が進まなかったため、その場にカンバラを呼び出して、カンバラが職員室に到着してすぐにシンヤは確認したんです。

「お前さ、昨日俺が椅子にお前を縛り付けて帰った後、何があったんだよ」

するとカンバラは目を丸く見開いて、驚いた表情を浮かべるんです。

「え？　シンヤ、何言ってるの？　助けてくれたじゃん」

「誰がだよ？」

「誰がって、シンヤ、自分で俺のこと助けてくれたじゃんか」

「俺、そんなことしてねぇよ！」

「何を恥ずかしがってんの？　助けてくれたじゃん！　俺のことを柔道部みんなで椅

子に縛り付けて帰った後、十分後くらいかな？　シンヤだけ一人戻ってきてくれて、帯をほどいて逃がしてくれたじゃん。シンヤって本当は優しいんだね！」

シンヤは本当にカンバラのことを助けていないんですよ。

俺、シンヤの幼馴染みだからシンヤの性格を知っているんですけど、絶対に自分がやったことに後ろめたさを感じたりして助けたりするタイプじゃないんです。

その後、顧問とシンヤとカンバラでそれぞれの情報を共有して話し合っても、謎ばかりが残るんです。

シンヤが帰った後、数分後に現れたというカンバラを助けたシンヤ。

誰もいなくなった柔剣道室に、突然現れた男の子二人と女の子一人。

シンヤとカンバラから事細かに話を聞いた顧問の先生が、その場に生活指導担当の先生を呼び、今回の件のすべてを話した。

すると、生活指導の先生はしばらく難しい顔をして俯《うつむ》き、次に顔を上げた瞬間、

「俺にはなんにもわからんっ！」

と、お手上げ状態になり、ふわふわっとこの出来事は幕を閉じたんです。

そんな一連の流れを俺に話した後に、シンヤが怯えた様子で言ったんですよ。

「今回の出来事、本当に意味がまったくわからないんだよ。でも、俺なんかわからんけど、それからカンバラのことが気持ち悪いっていうか怖くてさ。もう、あいつと関わりたくないいんだ」


この現象のきっかけを作ったのはシンヤかもしれない。

しかし、話の中心にいるシンヤが不可解な現象に触れることはなく、シンヤを取り巻く環境に身を置いている人たちがナニかを見て、ナニかに触れた。

この現象はいったい何なのか？

話を聞いた俺も、提供してくれたテラ君も、体験したシンヤもカンバラも警備員も顧問の先生も、誰もこの現象を説明することが出来ないのだ。

水神の社

夜馬裕

小さい頃から旅に憧れていた亜希子《あきこ》さんは、大学生になってアルバイト代を稼げるようになると、月に一度は旅行に出かけるようになった。

二十歳になり、同じ大学に通う徹《とおる》さんと付き合うようになってからは、男性の同行者が出来たこともあり、人里離れた場所にも足を延ばすようになった。

毎月のように二、三泊するので、素敵な宿や美味しい食事にはお金をかけられなかったが、その代わり、普通の観光客は訪れないような場所へ行き、その土地ならではの空気を味わって楽しんだ。

互いに就職も決まった大学四年生の晩夏、亜希子さんと徹さんは、学生時代しかできない旅をしようと盛り上がり、二週間以上かけて離島巡りをすることに決めた。

有名な観光地も良いが、島から島へと船で乗り継がなければ辿り着けないような、辺鄙《へんぴ》な島も訪れて、大学最後の夏を記憶に残るものにしたい。そう思って、いざ離島を調べてみると、あまりの数の多さに驚かされた。

定義の仕方によるが、日本には少なくとも四千以上の島が存在し、さらに人の住む有人島だけでも、ゆうに四百八十近くある。半月程度では到底時間が足りないので、島が幾つも連なる地域を数か所選ぶと、五～七日で各地域を巡ることにした。

喧嘩もせず、トラブルに巻き込まれることもなく、楽しく十数か所の島を巡った二人は、いよいよ明日で旅も終わりという日、最後の島を訪れた。乗り継ぎの都合で最後にした場所なので、特段見所があるわけでもない寂れた島である。とはいえ、宿泊施設は存在しており、時期によっては釣り客で賑《にぎ》わうこともあるようだ。

二人は昼過ぎに島へ着くと、民宿へ荷物を置き、自転車を借りて数時間、島の中を見て回ったが、山に形づくられた島なので、とにかく坂が多く、陽が傾く頃にはすっかり疲れ果ててしまった。

自転車を押しながら宿へ戻る山道を登っていると、道路脇の岩壁に、一メートルほどの奥行きでくり抜かれた洞を見つけた。中には腰の高さほどの石碑《せきひ》が立っており、「水神《すいじん》の祠《ほこら》」と書かれているのが読みとれる。

それを見て亜希子さんは「なぜこんな場所に、水神の祠があるのだろう」と少々不思議な気持ちになった。

日本における水神は、基本的に淡水の神である。治水は農耕において重要な事柄であり、古くから水の神は、田の神と密接に結びついてきた。そのため、水神は、田畑や用水路、井戸、あるいは水源となる川や湖に祀《まつ》られていることが多い。ただ、島を見て回った限り、近くに水源らしきものは見当たらないので、「変な場所に祠があるなあ」と首を捻《ひね》りながら民宿へ戻った。

泊まるのは初老の夫婦が経営する民宿で、一階が居酒屋になっており、釣り客が訪れる時期以外は、地元の人を相手に飲み屋をやっている。宿の主人から、夕飯は部屋でもいいが、居酒屋へ来ても構わないと言われたので、人見知りしない亜希子さんと徹さんは、せっかくだから島の人と乾杯しようと思い、居酒屋のほうへ顔を出した。

店には近所の人が数名飲みに来ており、二人は地元の人たちと乾杯しながら、旅の話に花を咲かせた。そうした会話の流れで、たまたま亜希子さんが夕方見た祠の話をすると、近くに座っていた老人が突然、「あれは偽物だ。祠の裏山を登った先に、ちゃんと本物の水神のお社《やしろ》がある」と言い出した。

途端に、店の空気が一変した。宿の主人や周囲の客に緊張が走っている。皆の様子を不審に思いつつも、亜希子さんが「祠の裏山を登ると、正式なお社があるんですか？　明日行ってみようかな」と言うと、宿の主人や客たちは「険《けわ》しい山道だからやめておけ」「お社には入っちゃいけない」と口々に止めようとしてくる。

その態度があまりに怪しいので、逆に興味がそそられてしまい、「よし、明日は絶対に行ってやろう」と、亜希子さんは胸の内で決意した。

翌朝、朝食を済ませた亜希子さんたちが外へ出ようとすると、宿の主人が駆け寄って来て、「まさか水神のお社へ行こうとしてるのか？」と真剣な表情で聞いてきた。そして、「山道は危険な場所も多いから、怪我するかもしれん」「お社まで片道一時間以上かかるから、今から行ったら、昼過ぎに港から出るフェリーに乗りそびれるぞ」などと、必死に制止してくる。

亜希子さんと徹さんは、自分たちは登山に慣れていること、危険だと思ったらすぐ引き返すことを伝えたが、宿の主人はとにかく「やめておけ」の一点張り。それでも二人の決心が固いのを見ると、宿の主人は「わかった、お社を管理してる宮司に入っていいか訊いてくるので、待っていなさい」と言い残し表へ走り去っていった。

二人は仕方なく宿で待機していたが、一時間経ってもまだ帰ってこない。いよいよ我慢の限界というところで、ようやく宿の主人が戻ってきた。自転車や車があるはずなのに、走っていったのか、全身汗だくでハアハアと荒い息を弾ませている。

そして予想通り、「頼んでみたけど、やっぱり許可が下りなかった。だから行くのはやめておきなさい」と言われた。

あまりにも露骨に阻止《そし》しようとするので、さすがに呆れた亜希子さんは、「わかりました。お社には入らず、近くへ行くだけにします」ときっぱり言うと、それでも止めようとする宿の主人を振り切り、徹さんの手を引いて外へと飛び出てしまった。

そのまま昨日見た道沿いの祠まで行くと、確かに細い獣道のようなものが、祠の裏手、山の上へと続いている。入口の草をよけると、二人は山道へ分け入った。

ずいぶん脅かされたので、どれだけ厳しい登山になるかと覚悟していたのだが、下草が滑りやすいことを除いて、傾斜も緩やかで足場も安定して登りやすい。緑が心地良い山道を十数分進んだところで、平らに開けた場所へ辿り着いた。

壊れた木の柵と、風化した石碑が建っており、ほとんど碑文は読めないが、「水」と「神」の字は雰囲気でわかる。どうやらここが、老人の言う水神の社のようであった。

片道一時間以上どころか十数分程度で着くし、危険な山道も存在しない。明らかな嘘をついてまで行かせまいとする島民に気味悪さを覚えたが、それも束の間、亜希子さんは目の前の光景にぎょっとした。

平らに開けた土地には、社らしき建物はどこにも見当たらず、その代わり、昨夜居酒屋で会った地元の中年男性二人が、腕組みをしながら憮然《ぶぜん》として立っている。そして彼らは二人の姿を見るなり、「ここは立入禁止だと言ったはずだぞ。それに、神社の私有地でもある。さっさと出ていけ！」と大声で怒鳴《どな》りつけてきた。

あまりの言われ様に、二人とも腹が立ってしまい、「立入禁止、どこに書いてあるんですか？」「本当に神社の土地ですか？」「アナタたちは入っていいんですか？」などと言い返し、「すぐに帰れ」という彼らと押し問答になってしまった。

男たちに近づくと、彼らは背後にある大きな穴を、まるで隠そうとするかのように腕組みして立っているのがわかった。およそ一メートル四方の穴が開いており、窪みは十〜二十センチとそんなに深くない。周囲の地面と異なり、下草が一切生えていないので、おそらく重いものが置かれていた跡だろう。きっと先ほどまで、四角い台座に載せられた、水神の社がそこにあったのではないか、そんな風に思えて仕方ない。

宿の主人が汗だくで戻った理由もやっとわかった。宮司に聞きに行ったのではない、皆と一緒に、ここに設置されていた水神の社を動かしたのだろう。とはいえ、社を移動してまでどこかに隠すなど常軌《じょうき》を逸している。

亜希子さんがそのことを不気味に感じる一方で、恋人の徹さんは言い争う内に気持ちが昂《たか》ぶってきたのか、「ふざけんなよ、その不自然な穴、お社の跡だろ、違うか？」と男たちに詰め寄って、「コレだよコレ！」と指差しながら右手を穴の上へかざした。

その、瞬間――。

ぐりん、と内回りに、肘《ひじ》から先が一八〇度回転した。

一拍おいて、パキパキ、バキバキ、と骨の折れる音が大きく鳴り響く。

亜希子さんの目の前で、徹さんの右腕は見えない何かに捻《ねじ》られたように、肘から先が不自然に回転して折れ曲がってしまった。

絶叫する徹さんや、衝撃に声も出ない亜希子さんを横目に、男たちは「だから帰れと言ったのに」「迷惑かけやがって」とうんざりした口調でぼやきつつ、泣き喚く徹さんを二人で支えると、そのまま山道を下り、島の診療所まで運んでくれた。

複雑骨折した徹さんの腕は、診療所では対応できないため、簡単な応急処置を施すと、そのままフェリーに乗せられ、隣の島の総合病院へと運び込まれた。結局、徹さんはそのまま入院することになり、連絡を受けて実家から母親が駆けつけてきた。

病室へ来た徹さんの母親は、「息子の怪我は、旅に連れ出したアンタのせいだ！」と亜希子さんを酷く責めて、「家族が看病するから、他人は帰って！」と以降の面会すら断られたので、亜希子さんはそのまま独り帰宅せざるを得なくなった。

そうして彼のことを心配しながら一週間連絡を待ち続けたが、一切音沙汰《おとさた》がない。携帯電話には何度も連絡を入れたが返信はなく、やがてひと月近くも経ってしまった。

酷く不安になった亜希子さんは、彼の安否を確認するために、母親から責められるのを覚悟の上で、徹さんの実家に電話をかけた。

電話口の母親は、以前にも増して怒っており、「あんたのせいで徹があんなことに！」「どうしてくれんの！」などと、激しくまくしたてられた。平身低頭に謝って宥《なだ》めつつ、彼から一切連絡がないこと、とにかく安否を確かめたいことを丁寧に伝えると、母親もようやく落ち着いて、事の経緯を話してくれた。

入院中の徹さんはぼーっとしたままほとんど喋らず、何があったのかも説明しようとしなかった。骨折は無事に治癒《ちゆ》して、二週間目には退院出来たのだが、帰宅するとすぐに荷物をまとめて、「大学は辞めて、内定も断わる」「僕はあの島で暮らします」と両親へ言い残して、勝手に家を出ていってしまった。

驚いた母親が後を追って島へ行くと、徹さんは例の民宿に住み込みで働いていた。母親は戻ってくるよう説得したが、徹さんは「一生この島で暮らす」と言い張る。

宿の主人からは、「決意も固いようなので、いったん大学は休学にして、本人の気が済むまで働かせてみてはどうでしょう。たいした給料は払えないし、彼は都会育ちだから、すぐに音《ね》をあげてご家族の元へ帰りますよ」と説得されたので、母親は渋々引き上げてきたのだという。

唐突《とうとつ》な話に亜希子さんは唖然《あぜん》としたが、それと同時に、二年以上も付き合った恋人に対して、連絡ひとつ寄越さず、なんの断りもなく島へ移り住むなど、あまりに身勝手な仕打ちだと、ふつふつと怒りが沸いてきた。どういうつもりか問い質そうと民宿へ電話すると、陽気な口調で宿の名前を告げる徹さんの声が電話口から聞こえてきた。

亜希子さんが詰問しても、徹さんは明るい調子で、「ごめんな、でもこの島で暮らすから」と笑って答えるばかり。理由を聞いても無視をされ、それどころか「亜希子も島で暮らそうよ。こっちはお嫁さん不足だから、誰かと結婚すれば、君のことくらい面倒みてくれる人はたくさんいるよ」とまで言い出した。

「何言ってるの？　私はあなたの恋人でしょ？　なんで島の人と結婚しなくちゃいけないのよ！」と亜希子さんが激怒すると、「僕は島の人と結婚するから、亜希子も誰かのお嫁さんになりなよ」と平然と言われてしまった。

あの日、水神の社跡で経験したことを思い起こせば、彼の態度に腹を立てるというより、気味の悪さが先に立つ。亜希子さんはそっと電話を切ると、もう彼との付き合いはやめよう、関わらないことにしようと心に決めた。

亜希子さんはそのまま大学を卒業して就職し生活を忙しく暮らしていたある日、徹さんから突然メールが送られてきた。

中身を確認すると、「結婚しました」という報告と、お腹の大きくなった女性の横に立つ徹さんの写真が添付されていた。まだ二十三歳の徹さんと比べて、女性はかなり年上に見える。若く見ても三十代後半、もしかすると四十代かもしれない。

亜希子さんはなんとも言えない気持ちになり、返事もせずそのまま放置していたのだが、さらに半年後、また彼からメールが届き、今度は「息子が生まれました」という報告と、可愛らしい赤ん坊の写真が添付されていた。

彼に対して思うことはあるが、家庭を持ち、幸せに暮らしているなら、島暮らしも悪くないのだろう。返信はしなかったが、亜希子さんはそう思って納得することにした。

さらにそこから半年以上経った頃、また徹さんからメールが届き、そこにはひと言、「息子が亡くなりました」と書かれていた。

亜希子さんも今回はさすがに無視することが出来ず、お悔やみや慰めの言葉を書いて返信をしたのだが、するとほどなく彼からメールが届き、「別に悲しくはありません。あの日以来、最初に生まれる息子は、捧げようと決めていたから」と書かれていた。

それを読んで全身が怖気《おぞけ》で震えた亜希子さんは、もう二度と返事は書かない、一切関わらないと決めて、その後は何度メールが来ても決して返信することはなかった。

それでも徹さんからはメールが届き続けて、「また息子を授かりました。今度は元気に育つはずです」「三人目が生まれました」という報告や、「早く君も島においでよ」といった内容が定期的に送られてくる。その度に亜希子さんは、暗澹《あんたん》とした厭な気持ちにさせられた。

やがて亜希子さんは二十代後半になり、その頃付き合っていた男性と婚約を交わした。結婚式の段取りを決めつつ、三十代前半には子どもを持ちたいね、などと彼と話し合っていたある日、また徹さんからメールが届いた。

婚約したことを彼が知るはずもないのに、「結婚おめでとう！」というお祝いの言葉と、続けて「君も最初の男の子は捧げないとね」と書かれていた。

以来、亜希子さんは長らく使用してきたそのメールアドレスを放棄して、徹さんからのメールは二度と読まないようにしているという。

ただ、その出来事があってから、婚約者の男性はやたらと子どもの話をするようになり、その度に「男の子が欲しいよねえ」と言いながら、亜希子さんに向かって右手を差し出して、腕をグリッ、グリッと捻るようになった。

「なんでそんなことするの？」と聞いても、婚約者は首を傾げて、「えっ、腕なんて捻ってた？」と不思議そうな顔をする。

このまま彼と結婚したら、何か恐ろしいことが起きそうな気がする。

そう思った亜希子さんは、婚約を破棄して彼と別れてしまった。

それからというもの、どんな男と付き合っても、皆一様に「男の子が欲しいよねえ」と言いながら、腕をグリッ、グリッと捻るので、誰とも長続きしないという。

「私、一生子どもを持てないんでしょうね」と、亜希子さんは寂しそうに話してくれた。

壊れていくアパート

吉田猛々

　Kさんという女性が二十代の頃に住んでいた、アパートでのお話。

　彼女が夫と三歳の息子と一年ほど住んでいたその部屋は、近くにスーパー、保育園、公園もあり、子どもを育てるにはうってつけの環境だった。

　アパートは二階建てで三部屋が横並びになっている。

　Kさんの家族は201号室だった。

　毎日、夫を会社に送り出して、家事や育児に精を出す。そんな平凡ながらも幸せな生活の中、Kさんはなんとなく気づいたことがあった。

「隣の202号室に人が長く居着かない」ということに。

　最初の隣人だった老夫婦は、入居して二ヶ月で奥さんが亡くなり、旦那さんはそれを機に退去したようで空き部屋になった。

好立地の物件ゆえ、若い夫婦や単身者など様々な入居者はあるものの、入居の挨拶を交わしてから三ヶ月ももたない。ひと月にも満たずの退去もざらであった。

また、朝の六時頃になると、その隣室から掃除機をかけるような音が必ず聞こえてきた。どの住人が入居している時でも、その音は決まった時間に必ず聞こえてきたという。

人が定住しない奇妙な隣室、そして毎日聞こえる奇妙な音――。

Kさんは、言い知れぬ不気味さを感じていた。


当時、息子の寝つきが悪く、夜中にKさんはよく起きていた。

出張で夫がいない、とある夜。隣の202号室から、Kさんの部屋の壁を激しく叩く音がした。「コンコン」などという、生易しい叩き方ではなく、思いっきり恨みを込めて壁を殴るような、ものすごい音――。

子供の声がうるさかったのだろうか？　ビックリしたKさんは、明日の朝に謝りに行かなくちゃ、そう考えた瞬間に思い出した。

「202号室は先週から空室になっているじゃないか……」

音は続いていた。そして、Kさんいわく、

「こんな音で怖がっていては、息子を守れないと思いました。金銭的な事情もあって、どうしてもそこから越すわけにはいかなかったんですよね」

つとめて気にしないようにしていたら、いつしか静かになった。

しかし、隣の部屋が空室だと認識してから、Kさんには気になりだしたことがあった。他の部屋はどうなんだろう、２０３号室や一階の三部屋は大丈夫なんだろうか。

それから他の部屋の様子を気にしていると、妙なことに気づいた。

Kさんの部屋の階下１０１号室には、夫婦と小学生の息子と娘の四人家族が住んでいた。

ご主人の妹さんが同じ年嵩の子供を連れ、アパートによく遊びに来ていたのだが、いつからか、その様子がおかしくなっていた。

妹さんと奥さんの二人が、アパートの前の駐車場に停めた車の中に、何時間も籠ったりするのだという。夏の暑い頃だったので、毎日そんな様子なのが気になった。

その数日後。薬物使用により二人は逮捕されたという。

Kさんは言う。

「思えば、二人ともぽっちゃりしていたんですよね。それが見る間にどんどん痩せていったんですよ。だから、このアパートにきてから薬物にハマってしまったんだ、とそう思いました。自分たち家族もここにいたら、何かよくないことが起こるのではないかとも思い始めましたね」

そんなKさんを嘲笑《あざわら》うかのように、そこからは連鎖のごとくおかしなことが毎月のように続いた。


一階の他の部屋では――。

102号室の人は自営業を営む独身男性。とても穏和な人だったが、仕事絡みのちょっとした誤解で誰かに恨まれたらしく、アパートの駐車場に停めてあった自家用車をボコボコに壊されてしまう事件があった。

103号室に住んでいた家族は、奥さんが子供の同級生の父親と駆け落ちしてしまった。Kさんは入居したての頃、その奥さんと何度か挨拶をする機会があったが、おとなしそうな雰囲気の人だった。それがこの頃、ツンケンして粗暴な感じになったのを、どうしたんだろうと思っていた矢先の出来事だったという。

そして二階。２０３号室には夫婦と二十五歳の長男と十九歳の次男が住んでいた。そこの奥さんを最近見かけないなと思っていた。

Kさんは、次男とは顔を合わせると世間話をしたりするほどの仲であった。その彼と、たまたまアパートの入り口で鉢合わせた際に、

「お母さん、最近見ないけど病気でもしたの？」

と軽い感じで訊いてみた。すると次男は、

「駆け落ちした」

Kさんがえっ？　と息をのみながら（１０３室でもそんなことがあったな）と思っていると、さらに吐き捨てるように言った。

「――兄ちゃんと駆け落ちした」

二十五歳の実の息子とその母親が、二人して行方をくらませてしまったという。

確かに以前から、仲の良い親子だなとKさんは思っていたのだが、実際はそれ以上の仲になっていたのである。

そこでKさんは感じた。

このアパートは、人であったり、関係性であったり、色んなものが壊れていくアパートなのでは、と。それと同時にKさんは「うちは大丈夫だろうか？」と、そんな不安を強く抱くようになった。

しかし、どうしても今、引っ越すことはできない――。


それから数日後、三歳の息子がおかしなことを口走り始めた。

「ママ、おじさん、濡れてる。入れてあげて！」

雨の日のことである。どんよりとした空があるだけで何も見えない虚空を見て、息子がそう懇願してくる。

Kさんは心底怖くなったが、つとめて冷静に「バイバイしてね」と流すようにした。

それが特別なことだと騒いだりして、息子を怖がらせてはいけない。

しかしなぜか、息子のその妙な感覚はさらに強くなっていく。

ある日、Kさんは息子とデパートに買い物に出かけた。嬉しいのか、走り回る息子に「危ないよ」と注意しつつ、店内を見ていたKさん。ふと、さっきまで走り回っていた息子が周りにいないことに気づいた。

「あれ？」

しばらく辺りを見回すと、階段の踊り場、緑の公衆電話が二台並んでいる壁の隅に息子はいた。しかし、その様子がおかしい。

何かを抱っこしているような仕草をしている。

Kさんは直感で「これは絶対ダメなやつだ……」と察知した。

咄嗟にKさんは、息子さんを捕まえて「帰ろう」と促すも、息子は何かを抱っこしながら、Kさんに言った。

「この赤ちゃんも連れて帰っていい？」

一瞬「うっ……！」っと嗚咽が漏れそうになったKさんだったが、息子を怖がらせないよう、

「その赤ちゃんにはね、ちゃんとお母さんがいるんだよ。お母さんが迎えに来るからね、元いた所に置いてきて」

冷静を装《よそお》ってそう伝えた。

すると息子は今までに見せたことのない、ものすごい目つきでKさんを睨んだ。

「お母さんは交通事故で死んだから迎えに来ない!!」

幼い息子が、交通事故なんて言葉も知らないはずなのに、スラスラと言う。

恐怖におののきながらも、息子を必死で説得し、抱きかかえている何かを置いてきてもらい、Kさんは店を出た。

このまま帰るのはよくない気がする。

そこでKさんは、息子とファミレスに寄り、気分転換を図ることにした。

すると効果はてきめん、息子もさっきのことを忘れたように、ケロっといつもの快活な感じに戻っている。

息子の手をしっかり握り、安心してアパートへの家路についた。

やがて、アパートが近づいてくると息子のいつもの遊びが始まった。

階段を駆け上がり、

「ボク一番〜!」

そう言ってニコニコと上からKさんを眺める。

元気が戻ってよかったな、とKさんが思っていたら、

「僕一番！　ママ二番！　グチャグチャ三番！」

グチャグチャ……？

何か憑いてきていた？

いつから、どこから？

デパートの中にいたもの、いや、あれは赤ちゃんだったはずだ。

元々ここに巣くうもの？　Kさんに目眩《めまい》のように疑問だけが駆け巡った。

しかし、その息子の言葉が大きく響いたKさんは、

「この土地にいたら障りを避けきれない」

そう感じ、親戚などに頼み、資金を工面して引っ越しを決意した。

そして新しい土地での生活が始まると、息子の妙な言動はピタッと収まったという。

「先祖ということを考えると、夫は平家の末裔で、中納言の名残の由来の名字です。息子もその血をついでいるせいか、普通より感じる感覚も鋭敏だったのかもしれません」

人が、家族が、関係性が、静かに壊されていく。

そんなアパートがA県にまだ実在する。

サイドミラーに映る美人

四代目怪談最恐位　**田中俊行**

孝司は今年三十五歳になる。十年前に今の妻と結婚した。妻は不妊症で、二人の間にはなかなか子供ができなかった。しかし三年前、待望の息子を授かった。

それまで職を転々としていた孝司だが、息子を授かって真面目に働くと心に決めた。二年前に知り合いの紹介で警備の仕事に就いて、今は京都駅近くにある総合病院の警備の仕事をしている。

仕事は夜勤で、夜十一時から朝の七時までの八時間シフトだ。スタッフは孝司を含め常時二、三人で、交代しつつ一人ずつ、朝まで病院を巡回する。一人が巡回している間、他のスタッフは警備室で待機するのだ。

その日、三歳になる息子が数日前から熱を出しており、看病している妻の疲労がピークに達していた。自分が看病の代わりをして、出来るだけ休ませてあげたいので仕事を休みたいと思った。しかし、直前なのでそれも職場には言いづらく、結局、容態が急変するなど、何かあったら連絡するよう妻に伝えて家を出た。

五〇ccの原付スーパーカブで職場に向かう。

孝司は元々バイク乗りでスピードを出すため、事故を心配した妻から「通勤のため小型バイクなら乗っていい」と許して貰っていた。

息子のことで不安になりながらも、家がある北区の北大路《きたおおじ》から堀川通《ほりかわどおり》を南に進み、総合病院には遅刻せず夜十一時前に着いた。

堀川通は、京都市街のほぼ真ん中辺りを南北に走る通りで、北は鴨川堤《かもがわづつみ》にはじまる賀茂《かも》街道から、南はJR京都駅のある八条通までの約八キロという市内最長の幹線道路だ。

行きも帰りもいつも、孝司はこの道を使っている。

到着して同僚に挨拶をするとすぐに制服に着替えて、一回目の巡回警備をした。

警備室に戻った時には深夜一時を回りかけていた。携帯を見ると何件も妻から不在着信があった。

心配になり、すぐに掛け直すと、

「熱が全然さがらないの！　救急車を呼ぶかも、とりあえず帰ってきてよ」

と、妻はかなり気が動転しているようだ。

「わかった、早退できるか聞いてみる！　なるべく早く帰れるように」

そう言うと電話を切った。

早退の旨を先輩である年配の多田さんに相談したところ、多田さんは孝司と奥さんとの会話を少し聞いていたらしく、

「そんなの奥さんが心細くて大変じゃないか。今日は救急病棟もかなり静かだから、私一人で警備や巡回はなんとかなるから、早く帰ってあげなさい」

と、孝司の切羽詰まっている心情を察して、帰らせてくれることになった。

孝司は「本当にすみません、ありがとうございます。あとはよろしくおねがいします」と、丁重に多田さんに挨拶してバイクで帰路についた。

病院から出ていつも通り、京都駅西の堀川通をひたすら北に行く。北区の北大路の孝司一家が住んでいるアパートまで、バイクで三十分もかからない。

孝司は一刻も早く息子と妻の元へ帰るため、結構なスピードを出していた。

堀川通は対向三車線から六車線まで増える大きな主要道路なので、他の車やバイクも結構スピードを出している。ただ、深夜二時となると交通量は少ない。

しかしトラックがかなりのスピードで走っているので、車線変更などが少々危険だ。

孝司は早く家に帰りたかったので、スーパーカブを、めいっぱいアクセルスロットをふかして、いつもよりさらに飛ばしていた。

西本願寺を越えた頃に、孝司が乗っているカブより更に古い型のレトロな車体が脇道からいきなり前方に飛び出してきた。少々焦ったが、それなりに車間距離もあったので少しブレーキをかけて減速した。そのまま後ろを走って次の信号で二台のバイクは止まった。

（こっちもスピードを出していたとはいえ、危ない運転だな。どんなやつが運転してるんだ？）

孝司は前方のバイクの横に並び運転手の顔を拝んでやろうと思った。

しかしそれも露骨だなと思いなおし、前に停車している古いカブの真後ろにつき右サイドミラーで顔を確認した。

意外にも、運転しているのは色白な綺麗な女性だった。

なんとなく目があった気がした。

(けっこう強引な運転をするんだな)

と思ったが自分もけっこう飛ばしていたし、まぁ仕方ないかと気に留めなかった。

信号が青に変わり、直線を走っていると前方の女のカブを抜き去ってしまった。

そして四条通でまた赤信号に捕まり停車した。すると抜き去ったカブが孝司の右側真横に並んできた。

チラッと横を見ると、かなり歳をとった男がドライバーではないか。

(あれ？　おかしいな？　違うカブかな？　女が乗っていたはずなのに)

そう思い、もう一度確認しようとした瞬間、信号が青に変わりそのカブが急発進して孝司の前に出てきた。

孝司も道なりにその男を追っ掛ける形で同方向、北に堀川通を走った。

その男の後ろをつける感じで縦に並んで走っていたが、どう見ても最初に見た女が乗っていたバイクだ。

(見間違いか。なんか俺疲れてるのかなあ)と思いそのまま北進した。

二条城横で赤信号に捕まり、またその男のカブと再び横並びになった。

孝司は堀川通の道をいつも帰っているがどうも二条城の交差点だけが好きになれなかった。どこか不気味なのだ。

昼間はまだ大丈夫だが、夜の二条城辺りはどうにも慣れない。

孝司は左真横に並んだカブを意識しながらも見ないように（早く変わって欲しい）と思いながら信号機が変わるのを待った。

その時、カブに乗った男が、はっきりと聞こえる声で孝司に話かけてきた。

「なんや、珍しいね。あんた見えとんね。女の子の顔が」

「えっ？」

男の声に孝司が恐る恐る左横を向くと、最初は女性の横顔が見えたが、瞬間、孝司の方にぐるんっと顔が向き合わせになった。

一つの胴体から二つの首が生えている。

孝司から向かって左が真っ白な女の顔、右が皺だらけの男の顔、二人ともヘルメットが割れてる。

「うわぁっ」

孝司は意識が遠のきかけたが、それと同時に妻の顔と息子の顔を頭の中に描き出してアクセルをグンっとふかして急発進して交差点を飛び出す。

(うわー今のなんや！　顔が二つあった……)

と思った瞬間に左から白い光が孝司の前方を包んだ。

ドンッと鈍い音がして、(あー、はねられた)と孝司の意識が遠のいた——。

目を開けると、孝司は先ほどの二条城交差点の横で停車している。

(あれ？　何？　何が起こってるんや)と、孝司は周りを見たが、あのカブも先ほどの二首《ふたくび》のドライバーもいない。

(やっぱり俺、疲れてるのか)

気を取り直して、信号が青に変わるのを待った。が、長い——異様に長い。

長いなぁ、この信号、全然青信号にならない……。

イライラしていると、右側に大型の白のSUV車がスーーと止まった。

運転手は白いパーカーをかぶっているようだ。フードをまる被りしていて顔がよく見えない。
ビーーーと音がして助手席の窓がゆっくり開いた。
SUV車の運転手がグ、グ、ググとゆっくりこっちを向いた。
「だぁかぁらぁ、脇見するんじゃなくてぇぇぇー」
いきなり話しかけてきた運転手は顔が真っ黒で、目も口も鼻も確認できなかった。
この出来事以来、孝司は、特に深夜は堀川通をバイクで走るのはやめている。

怪談最恐位の称号と100万円の賞金を目指して
熾烈な闘いが繰り広げられた！

見事！四代目怪談最恐位に輝いた田中俊行氏。
優勝トロフィーと一緒に。なお、プレゼンター
は特別審査員のつまみ枝豆氏。

怪談最恐戦
投稿部門
&
朗読部門

一月　家電に纏わる怖い話　最恐賞

録られた人

緒音　百

木山渉《きやまわたる》さん（仮名）から伺った話。

木山さんがフリーターをしていた頃、実家の物置で古いカセットテープを見つけた。何が録音されているのか気になったが、ラジカセはとうの昔に売ってしまっている。バイト先でその話をしていると「中古でよければ譲るよ」と先輩が言ってくれた。

それは丸みを帯びた、銀色のラジカセだった。

貰った日にさっそく家でラジカセの電源を入れてみた。中にはテープが入ったままだ。先輩の私物だろう。木山さんはそれを取り出して代わりに自分のテープをセットした。

再生ボタンを押すと、幼い自分の声が流れた。そうだ。ラジオのパーソナリティに憧れて友達とラジオ番組ごっこをしたのだ。懐かしいな。木山さんは思い出に浸りながら録音を聞き終わった。

先輩のテープには、何が録音されているのだろうか。

木山さんは試しに再生してみることにした。キュルキュルとテープが動き、雑音が入る。しばらくして「こんにちは」と知らない男性の声がした。くぐもって聞き取りづらいが、明るい声だ。

「これから皆さんに霊との交信をお届けいたします」と彼は言った。観客がいるのか拍手が聞こえる。

「イエスなら一回、ノーなら二回、ノックをしてお答えください」

すぐにコンと机を叩くような音がして、観客の感嘆の声がした。

心霊番組の真似事か。皆似たような遊びをやってたんだなと木山さんは苦笑した。

「あなたはキヤマワタルさんですか」

木山さんは笑いを引っ込めた。
ノックが鳴る。

コン。

「あなたはお亡くなりになりました。ご存知ですか」

コン。

嫌な鳥肌が立った。
それからも淡々と質問が続く。
最後に、男が言った。

「キヤマさんのご冥福を心よりお祈り申し上げます。それでは、お帰りください」

コンコン！　コンコン！　コンコン！　……。

……唐突に、テープは終わった。

気がつくと体中にべっとりと汗をかいていた。

なんだったんだ。今のは。

翌日、木山さんは先輩にラジカセを突き返した。悪戯《いたずら》にしてもひどいと怒ると、先輩は心当たりがないと言う。驚いてその場でテープを再生したのだが、テープは空っぽで、早送りしても、巻き戻しても、A面にもB面にも、どこにもあの音声は残っていなかった。

結局、テープの真相は謎のままだ。

「気味が悪い話ですよね」と木山さんは力無く笑った。

今でもノックをするたびに、自分が誰かの呼び出しに応えているような妙な心地になるという。

二月　都道府県に纏わる怖い話　最恐賞

あとから、ひとり

丸太町小川

大分県には横穴墓群という遺跡が点在している。七世紀頃の墓穴群で、およそ七十センチ四方の穴が数十基、丘陵の崖に掘られているものだ。

これは、今は大学生のA君が、ある横穴墓群で体験した奇妙な思い出話だ。


当時、A君を含む四人の幼馴染み仲間は、いつも徒党を組んで遊んでいた。

小学五年生のある日、近所の横穴墓群に行ってみることにした。ここで遊ぶのは普段から禁じられている。遺跡の保全のためや、崖地で危険だからという理由だろう。

子ども達の間では、穴はあの世に繋がっていて、入ると二度と戻れないなど、陳腐《ちんぷ》な怪談が語られており、あまり近づく者はいなかった。

A君ら四人は、そんな怪談が事実なのか確かめようと考えたのだ。

四人が各々別の穴に入り、十分間耐える。十分経ったら集合地点に集まり、怪しい事があったかどうか、互いに報告するという遊びだ。

A君も適当な穴に入り、さらさらと乾いた砂の上に屈んで座った。

放課後すぐの明るい時間帯で、あまり恐怖感はない。

「十分経ったぞ」

腕時計を持っているB君の声で集合地点に集まる。

「どうよ？」「やばいって！」などと興奮して語り合うが、ふと全員が、そこにいるのが五人であることに気がついた。

しっかり者のB君、お調子者のC君、大人しいD君、そして俊足のE君……。

自分も含めて五人全員が、ずっと仲良しでいつも一緒にいたメンバーだ。そして今日もそのメンバーでここに来た。

だが――。

ここには確かに四人で来たはずだ。そして何より、自分たちは昔から四人組だった。

それは間違いない。

「あれ？」

みなが狐につままれたような面持ちで顔を見合わせる。

四人で来たはずなのに今は五人。でも、あとから加わった者はいないはずだ。

四人で徒党を組んできたのに今は五人。でも、この全員と昔から一緒にいた記憶がある。

何が起こったのかわからぬまま、ともかくその日は解散し、みな首を傾げながら帰宅した。


翌日からは、その五人で今まで通り一緒に遊ぶようになった。周囲の者も特に気にしてはいないようだ。あの日から加わったひとりが誰なのか。そもそも誰かが加わったなどということがあったのか。誰にもわからない。

わからないまま、彼らの友情は続いた。

今は進学する者、就職する者、他県に出る者などそれぞれだが、帰省の際などには頻繁に集まっている。

五人全員が「あの日まで俺たち、四人組だったよなあ」という記憶を持ちながら。

五月　奇妙な風習に纏わる怖い話　最恐賞

屑福さん

墓場少年

愛媛県に住む僕が、中学生の頃に友人のK君から聞いた話。

風習ではないが、唯一無二の奇妙な慣習だと思う。

「物を粗末に扱ったら屑福《くずふく》さんに怒られるぞ」が口癖だったK君の祖母は、何やらよくわからない信仰を持っていた。神様の名は屑福神。

八百万《やおよろず》の神の一つかもしれないが、大人になった今検索サイトで調べても一切引っかからない。家族を含め他の誰からも聞いた事がないと言っていたので、あらゆる物には魂が宿るとする神道《しんとう》の概念を独自に解釈したものなのかもしれない。

K君が九才の時、祖父が亡くなった。通夜の準備を手伝っていたK君は、ふと気になって祖母に不謹慎な質問をしてしまった。

「婆ちゃん、なんにでも魂って宿るんだよね」

「そうやで」

「じゃあ、死んだ人には？」

「爺さんの体は今空っぽよ。だから他のもんが入ってこんように、明日の葬式まで見張っておかんとな。そのためのお通夜じゃ」

「他のもんって？」

「例えば……屑福さんとかな」

K君は驚いた。屑福というのは良い存在だと思っていたからだ。

「屑福さんが入ったら、どうなるの？」

「そりゃもう大ごとよ。不用意に火葬なんかしたら、どえらい祟りがあるかもしれん。お家が断絶するくらいの」

小学生に断絶の意味はわからなかったが、良くない事なのはわかった。

その後、祖母は通夜の準備が整った祖父の周囲に紙で作った形代《かたしろ》を何枚も並べた。

父母は怪訝《けげん》な顔をしていたが、それで祖母の気が済むのならと放っておいた。

翌日、葬儀は滞りなく行われ、無事に祖父は火葬された。

火葬場から帰る車中、K君は祖母に言った。

「屑福さん来なかったね」

「いや、来たで」

「え、いつ？」

祖母はすまなそうな顔でこちらを見た。

「明け方にな、閉め切った部屋の形代が全部吹き飛んだ。ぺらぺらの紙じゃあ騙されてくれんかったわ。咄嗟《とっさ》におまえの部屋のおもちゃ箱を取ってきてな、引っくり返して爺さんの周りに並べたんよ。その一つを気に入ったみたいで、なんとか事なきを得たわ。お坊さんに事情を話して玩具は持ち帰ってもらった。ほら、おまえの好きな、なんとかライダーの人形。あれ、朝まで動いてたで。爺さんの周りを歩き回っとった。新しいの買ってやるから勘弁してや？」

大好きなライダー人形だが、動力源無しに自立歩行する姿など絶対に見たくなかった。

結局、後にも先にも屑福という名も慣習も聞くことはなかったが、地域ごとに違った形で日本中に存在するのかもしれない。

七月　秘密に纏わる怖い話　最恐賞

小屋の中

月の砂漠

Jさんという四十代の男性から聞いた話だ。

Jさんは小学生の頃、E君という同級生の家へよく遊びに行っていた。

E君は町の地主の一人息子だった。趣味の野球をきっかけに親しくなり、家に招かれるようになったのだ。

E君の家は近隣で一番大きく、お屋敷と呼ぶのにふさわしかった。庭も広く、Jさんたちはそこでキャッチボールを楽しんだ。

その庭に、一軒のプレハブ小屋が建っていた。

E君は「いらなくなったものを置いてあるだけの単なる物置小屋」と言っていたが、Jさんはなんとなく気になった。家屋の豪華さと比べて、その小屋はいかにもみすぼらしく、屋敷の中で明らかに浮いていたのだ。

ある時、Ｊさんはこっそり、小屋の窓から中を覗いてみた。黒いカーテンが引かれており、中の様子は窺えなかった。

そこをＥ君に見つかり、Ｊさんは怒鳴られた。

「やめろ、見るな！　小屋に近付くな！」

Ｅ君のあまりの剣幕にＪさんは戸惑《とまど》った。Ｅ君がこんなに怒るのを初めて見たのだ。素直に謝りその場は収まったが、小屋の中を覗きたいという好奇心は、むしろ高まった。

それから数日後のこと。Ｅ君の屋敷の庭で、いつものようにキャッチボールをしていた時だ。

Ｅ君は爪が割れてしまい、治療のため一人で屋敷の中に戻った。

今が好機と思ったＪさんは、小屋に足を向けた。ダメ元で窓に手を掛けた。意外なことに鍵はかかっておらず、ギシギシと音を立てながら開いた。

はやる気持ちを抑えながら、黒いカーテンをずらす。わずかな隙間から中を覗いた。

そこには、E君が立っていた。

Jさんは混乱した。E君は屋敷に戻ったはずで、小屋の中にいるはずがない。

E君は無表情で、ガラス玉のような目をJさんに向けていた。

ふいに、E君のくちびるがかすかに動き、何か言葉を発しようとした。Jさんはなぜか、それを聞いてはいけない気がして、あわてて窓を閉めた。

やがて屋敷の方からE君が戻って来た。Jさんは素知らぬ顔で迎えた。


それ以降も今に至るまで、JさんとE君の交流は続いている。あの小屋も、E君の屋敷の庭にまだある。

だが、Jさんはあれから一度も、小屋には近づいていない。

「友だちが嫌がっていることをするのは、やっぱり良くないですから」

とJさんは苦笑いする。

それでも、Jさんは時々「いらなくなったものを置いてあるだけ」というE君の言葉と共に、あの日見た小屋の中のE君を、思い出してしまうという。

八月　スポーツに纏わる怖い話　最恐賞

応援のチカラ

菊池菊千代

亡くなった同級生の博子さんの両親を、運動会で見かけた。

「私に手を振っていて……」と弘子さんは言う。

二人は字は違うが、同姓同名だった。

遊んだこともなかったが〈同級生が交通事故で亡くなった〉というニュースは衝撃であり、初めて身近に死を感じた出来事として、頭に刻まれたという。

むせび泣くご両親のインタビュー映像が、悲惨で印象的だった。

それから二ヶ月後、運動会の日のことである。

そのご両親が、満面の笑みでこちらに手を振っている。

「徒競走では運悪く、一番端のレーンでした」

外枠を走る最中、最前列で連写されるシャッター音と〈ヒロちゃん！　がんばって！〉の声援に、心底ゾッとしたという。

青ざめている弘子さんを心配して、担任が声をかけてきた。

正直に理由を伝えると、退席させられたのは弘子さんの方だった。

保健室で担任から聞いて驚いた。

「博子さんのご両親は、前の週に後を追って亡くなっているそうです」

急いで窓から彼らのいた方を確認するが、見当たらない。

「今日は早退して、ご両親と帰りなさい」と担任に言われた。


帰りの車中、後部席で考える。

「走るのは苦手で、いつもビリか下から二番目だったのに……」

徒競走は、ダントツの首位だった。

亡くなった博子さんは陸上部である。

まるで憑依された気がして、首から下げた金メダルが誇らしい反面、不気味にも思えた。

一人で抱えるのは荷が重い。助手席に座る母に話しかけた。
「ねぇ」
母が振り返る。
息を呑んだ。自分の母ではなかった。
「ヒロちゃん、どうしたの？」
亡くなった博子さんのお母さんが笑いかけてくる。
運転席の男もよく見れば、博子さんのお父さんであった。
恐怖で過呼吸になる。苦しい。
――夢なら覚めて！
すると、右から強い衝撃。
車がほぼ半回転して、窓を突き破ったガードレールに頭がめり込んだ。

そこで目が覚めた。
保健室のベッドの上で、滝のような汗をかいていた。担任と話した直後、貧血で気を失ったらしい。

「直感ですが……私が見たのは夢ではなく、亡くなった博子さんの追体験だと感じました」

実際に事故現場に行くと、壊れたガードレールがそのままで大量の花が供えてあった。

弘子さんは金メダルを添えて、手を合わせたという。

それから変なことはないというが、一点。

「考えすぎだとは思うのですが……」

厳格な両親から、たまに〈ヒロちゃん〉と呼ばれるようになったと、弘子さんは語る。

九月　双子に纏わる怖い話　最恐賞

赤い明晰夢

夕暮怪雨

　亀山さんには双子の弟Sがいた。一卵性の双子のため見た目はそっくりだが、服装の趣味も女性の好みも違う。まるで月と太陽だと言われたそうだ。よく言われる様な双子特有のシンクロなどもなく、社会人になってからは遠く別々で暮らしていた。亀山さんが結婚した後は、連絡も年に一度、年賀状一枚。Sは独身だった。こうして双子としての関係が薄くなった。

　しかし、ある出来事がきっかけでSと自分はやはり双子なのだと実感した。ある時、亀山さんは夢を見た。そこは血に染まった様な赤い景色が広がるだけだった。草も木も建物もない。ただ自分が夢の中にいることが何故かわかった。それが明晰夢と言われている物だとも。亀山さんは歩き回り、辺りを見回した。すると大きな杭が一本だけ打ち付けられている場所を見かけた。その杭には「S」と名が刻まれ、何かが鎖に繋がれている。それは黒い物体で、鎖に繋がれ激しく暴れていた。

そこで亀山さんは目が覚めた。なんとも不思議な夢だった。普段夢を見ることなどない。ましてや明晰夢だ。するとその日、珍しくSから電話が来た。話を聞くと明晰夢を見たと言うのだ。一面に広がる赤い景色に大きな杭が一本、鎖に繋がれた黒い物体が激しく暴れる光景。亀山さんが見た夢と同じだ。ただ杭には自分の名でなく亀山さんの名が刻まれていた。Sは「やっぱり俺たち双子なんだな！」と嬉しそうに亀山さんに話した。亀山さんもそれを聞いて嬉しい気持ちになったそうだ。

しばらくして亀山さんはまた同じ夢を見た。やはり明晰夢だと認識できた。鎖に繋がれている黒い物体は以前より激しく暴れて見えた。「これを外したらどうなるのだろう?」そんな悪戯心が囁いた。杭に近づき、黒い物体が繋がれている鎖を外した。すると物体は凄い勢いで走り、見えなくなった。そこで目が覚めたそうだ。その日、両親からSの訃報が届いた。寝ている間にクモ膜下出血で亡くなったということだった。その時は動揺と悲しみでそれどころではなかったが、落ち着いた時期に家族の勧めで亀山さんは検査をすることにした。検査の結果、亀山さんにもクモ膜下出血の兆候が発見された。幸い大事には至らなかったが、その時に初めて「あの物体を鎖から外したからSは亡くなったのでは」と思う様になった。亀山さんは今でもあの明晰夢を時折見る。一面に広がる赤い景色。ただそこには墓標の様にSの名が刻まれた杭が一本立っているだけだ。

六月　怪談最恐戦朗読部門　怪談文庫賞

折り鶴

ふうらい牡丹

都内に住むシホさんという女性から聞いた話。

彼女には十歳離れた弟がいる。

数年前のこと。彼女が息子を連れて実家に行ったとき、当時大学生だった弟が息子の遊び相手をしてくれた。

息子が持ってきた折り紙で二人が遊んでいる様子を眺めていると、

「にいちゃん昔、イギリス人のにいちゃんに鶴の折り方教えてもらったことあるんだ」

弟が息子にそう話した。

シホさんは知っていた。弟は子どもの頃、この話をよくしていたのだ。

シホさんが高校生の頃、ホームステイで受け入れたイギリス人の男の子が家に一週間ほど滞在していたことがある。

彼女は歳の近かった彼のことを覚えているが、幼少だった弟はほとんど覚えていないらしい。

ただ彼と二人で折り紙で遊んだことだけを覚えていて、そのときに鶴の折り方を教わったというのだが、シホさんが語るにはそれは弟の記憶違いなのだという。

まずイギリス人の男の子に鶴の折り方を教えたのはシホさんである。弟はその場にいなかった。

そして彼がホームステイを終えて帰国し、しばらく経ったある日。

弟が、あのお兄ちゃんから鶴の折り方を教えてもらった、と言って折り紙で作り上げたモノをシホさんに手渡した。

黄色の折り紙で作られたそれは、鶴とはほど遠い別の何かだった。

折り鶴にあるはずの長い首もなく、羽の形もまったく違う。それは尾の生えたコウモリや蛾《が》に見える不気味なモノだった。

どうやって折ったのかもわからない、小さな子どもが折って作ったとは思えない妙な精工さがある。それを手にしたシホさんは薄気味が悪くなり、弟が見ていない隙にそれを握り潰して捨てたという。

それから弟に本当の鶴の折り方を教えると、弟は最初「何かちがうなあ」と言いながらも覚えてくれて、二度とあの日の妙な生き物を作らなくなった。

何年か経つと、弟はそのあたりの記憶がすっかり抜け落ちて、「昔イギリス人のにいちゃんから鶴の折り方を教わった」と自慢気に話すようになった。

だが、シホさんはわざわざ訂正しようとはしなかった。記憶を正すと、また弟があの気味の悪い代物を作ってしまうのではないかと、不安に感じたからである。

しかし、大人になった弟が子どもを相手に相変わらず間違った思い出を話している姿を見ると、彼女はなんとなく微笑ましく思ったという。

しばらく二人から目を離して母親との会話に興じていると、さっきまでの弟と息子の楽し気な話し声が途絶えていることに気づいた。

二人の様子を窺うと、弟はこちらに背を向けて黙りこくり、息子は弟をじっと見つめている。

「どうしたの?」

シホさんが尋ねると、弟は振り向いた。顔にはうっすらと汗が浮かび、手には黄色い折り紙を持っていた。

「姉ちゃん、俺、鶴の折り方、忘れたかも」

震えを帯びた言葉を返しつつ、なんでだろ、と呟く弟に、息子も「にいちゃん大丈夫？」と声をかけた。

「大丈夫、大丈夫、ゆっくり思い出して、教えてあげるから」

絞り出したような声で弟は答える。

弟の異様さにシホさんは何も言葉を発せなかった。だが、ゆっくり手先を動かして弟が何か折り始めた瞬間、急に不安になり弟からサッと紙を取りあげた。

「ママが教えてあげるね」

彼女は二人の前でゆっくりと鶴を折り上げた。すると、喜んでいる息子の横で、

「ああ、姉ちゃんが教えてくれたのか」

虚ろな目で鶴を見る弟がそう呟いたという。

弟はその後、間違った思い出を一切話さなくなった。シホさんもあえて余計なことを聞くつもりはないらしい。

ただ、あれから弟は会うたびにいつもどこかに黄色が入った服を着ています、と言って話を終えた。

六月　怪談最恐戦朗読部門　最多朗読原作賞

夢に出る母

三上りょう

私の母は病弱なひとだった。

あまり外に出られないかわりに、庭で花を育てたり、一緒におやつを作ってくれる優しい母。

その母も私が十歳のときに病気が重くなり亡くなってしまった。

それからというもの、よく母の夢を見てきた。

ただ夢のなかの母とは一度も喋ったことがない。

あるときは歩道橋の反対側にいて優しい顔でこっちを見ていたり、またあるときは崖の向こう側に立っていて、とても険しい顔をするので近づくことすら出来ないのだ。

けれど目が覚めたときの気分はとても良い。母に会えたことが何より嬉しかった。

そんな夢も大人になるにつれて少しずつ見る回数が減ってきた。

ある夜、数年ぶりに見た夢の様子はいつもと違っていた。

幼い頃、家族三人で暮らしていた家に母と二人でいるのだ。

テーブルの上には苺と生クリームがたっぷり乗ったケーキやワッフル、絵本に出てきそうなほど積み上がったパンケーキ、猫型のクッキーなど他にもさまざまなおやつが隙間なく並べられていた。

母はというと、何かを探しているようでキッチンの隅にしゃがみ込んでゴソゴソと音をたてている。

「おかあさん?」

と声をかけようとすると、それより先に、

「ねぇ、テーブルの上のおやつ全部食べていいからね」

そう言われてハッとした。

違う、この人は母ではない。

母なら「ねぇ」ではなく名前で呼ぶはずだ。

それと同時に妙な気持ちに次々と襲われた。

この人に名前を知られてはならない。

この人をおかあさんと呼んではならない。

目の前にいる母によく似た誰かに、偽者だと気づいたことを悟られてはいけないという気持ちさえ働く。

そこで今はお腹がいっぱいでおやつはいらないと、やんわり断って家を出ようとした。

するとすかさず、

「ねぇ、二階の部屋を探してきてくれない？」

「ねぇ、見つけてくれるよね？」

そう言われたので黙って二階に上がることにした。

「ないなぁ」

一階にも聞こえるように大きな声で独り言を言いながら、何を探せば良いのかもわからず何かを探すふりをする。

しばらくすると一階の物音がピタリとやんだ。

様子を窺うために、ゆっくり一階に下りると部屋のなかが変わり果てていた。

まるで廃屋。ドアや床が朽ちている。さっきまでリビングにあった家具は消えており、あの人もいない。

ただひとつ、おやつの並んだテーブルだけが真新しいまま取り残されていた。明るかった窓の外は夕日が沈んで暗くなろうとしている。

ここで夢は終わった。

夢から覚めた瞬間、耳元で知らない男の声がした。


「もう起きちゃったの」


それ以来、何度も偽者の母が出てくる夢を見るようになった。

そしてこの夢から覚めたときには必ず耳元であの男の声がする。

六月　怪談最恐戦朗読部門〈特別賞受賞者：北城椿貴〉

盗み聞きした猫トーク

原作：卯ちり

「え、愛理んちのクロちゃん死んじゃったの⁉　……そっかぁ、いま辛《つら》いよね、うん、わかる。うちの猫も、去年の春死んじゃったんだよね。うん、実家で飼ってた子。みやちゃん。二十歳の爺猫だったから覚悟してたし、大往生だったんだけど、コロナでみやちゃんのお葬式、いけなかったの。みやちゃん具合悪くなって、もうダメかもってお母さんからＬＩＮＥ来たんだけど、私『今から実家帰る』って言ったら、帰ってくるなって怒られて。ほんと、悔しくて。コロナのせいでみやちゃんに会えなかったの、ほんと、後悔してるの。で、次の日みやちゃんすぐに死んじゃって。もうさ、ずっと泣いてたんだよね去年の春。だって私が十歳の時から一緒だったんだよ？　毎朝学校行くときに、『行ってくるね～』ってみやちゃんのお腹のモフモフに顔くっつけて、みやちゃんの猫パンチ食らうのが最高だったの。みやちゃんいい子だから爪出さないし、顔くっつけると毎回みやちゃんの、長い白い毛が目に入って痒《かゆ》かったんだけど、みやちゃんのこと、好きすぎてやめられなかったんだよね。コロナがなければさぁ、最後にみやちゃんにありがとうって言ってお腹なでてあげたかったんだけど、お別れできなかったの。今思い出しても涙出てくる。でね、愛理、聞いて。正月に、まーくん生まれたじゃない。うん、いま元気だよ、まーくん。毎日すっごい泣くから気が狂いそうなんだけど、でもね、まーくん、みやちゃんに似てるの。いやほんとだって。まーくんとみやちゃん、なんかね、表情？　目つき？　が同じなんだよね。まーくん抱っこしてると、いつもみやちゃんのこと、思い出しちゃって。ふざけてまーくんに「みやちゃん」って呼んだら、まーくん、めちゃくちゃ嬉しそうな顔してて。それでね。こないだ、まーくんの目にゴミがついてて、取ってあげたら、毛なの！　猫の毛。見覚えあるやつ！　みやちゃんと同じ、白くて長い毛が、まーくんの目にくっついてたの！　うち、猫飼ってないし、私も旦那も最近猫に触ってないし。まーくんの顔に猫の毛がついてるのって、ありえないと思うんだけど。私さ、みやちゃん死んだとき、もう会えないのが寂しくて辛くて、『うちの子になって戻ってきてね』ってお願いしたの。そしたらすぐ妊娠したじゃん。いやだって、うちら三年間子供できなかったたんだよ。これってもう奇跡じゃない⁉　みやちゃん、まーくんに生まれ変わってくれたんだって！　ほんとだってば！　……え？　うらやましいって？　大丈夫。愛理んとこにも、クロちゃん生まれ変わって帰ってきてくれるって。クロちゃんのこと、大好きだったじゃん愛理。うん？　夜中にクロちゃんがベッドに入ってくるの？　ああ、気配ね気配。うん、じゃあさ、きっとクロちゃん、愛理とまだ一緒にいたくて、成仏してないんだよ。え？　傷？　腕いっぱい？　クロちゃんのひっかき傷？　なんで？愛理、どうしたの泣かないでよ。なんで謝ってるのさ？　うん、うん。子猫？　え、クロちゃん子猫産んでたの？　五匹も？　ええ～それ見たかったな写真残ってないの？　里親探し大変だったでしょ。え、死んじゃった？　……うん、うん。うん……。いや、それなんで。他に方法あったじゃん。いや、あり得ないっしょ。なんでそういうことできんの。子猫だよ？　しかもクロちゃんの子供じゃん？　それクロちゃん絶対怒ってるよ。恨んでるに決まってんじゃん。私だったらそれ許さねえし。愛理、あんた最悪じゃん。信じらんない。えっお祓い？　知らないよ神社とか、今更遅いでしょ。がっつり呪われてるじゃん。勝手にすれば。は？　……うっせえなあ。もう切るから。はいはい、じゃあね、もう連絡しないで」

野戦の跡

原作：雨森れに

バイクで旅をし、写真を撮るのが好きな遠藤さん。ある旅の途中、ずいぶんと古びた建物を見つけた。

公道から脇に砂利道が伸び、崩れかかった石造りの門があり、手前には四角い建物、奥には家屋らしきものが見えた。

少し進んで様子を窺うに、人の住んでいる気配はなく、廃墟のようだった。

荒廃的な魅力を感じた遠藤さんは、写真を撮ることを考えた。

しかし、ガソリンの残量が心もとないため、先にガソリンスタンドへと急ぐことにした。

ガソリンスタンドはすぐに見つかった。

一息入れようと店内に入ると、五十代と思しき男性店員がいた。

遠藤さんは店員に、先ほどの廃墟のことを尋ねた。

「峠からこちらに向かう際に、廃墟みたいなものを見つけたんですが……」

「あぁ、あれね。戦前からある診療所だったんだよ」

「そうなんですか。入ったら、やっぱり怒られちゃいますかね」

「あんちゃん、もの好きだなぁ。まぁ、地元の人間も山菜を取りに行く近道に使うこともあるし……荒らしたりしなきゃ、大丈夫じゃないか」

熊なんかも今の時期は出てこないだろうしな。行ってみたらいいよ。と笑われた。

すでに時は夕刻に近づき、日が傾いていた。

暗くなる前に写真を撮れれば、と遠藤さんはガソリンスタンドを後にした。


廃墟に到着すると、そこは確かに『診療所』というのがしっくりくるほど小さな規模であった。

白い壁はくすみ、野生の植物が這い、せん定されていない庭木が茂っていた。

先ほど話を聞いた通り、たまに人が出入りしているようで、歩けないほど荒れ果てたという様子はない。

ガラス扉に手をかけると、やや重いが問題なく開いた。
床には落ち葉や小枝が散乱し、黄ばんだタイルが土埃《つちぼこり》で汚れている。
夕刻の光が満ちると、そこはなんとも言えない懐かしさを感じる空間になった。
夢中で写真を撮り、気付くと日が沈んでいた。
完全に暗くなる前に、住居のほうも写真に収めようと、家屋側へ向かう。
廊下にはいくつか部屋があり、名前が掲げてあった。
診察室が二つ並び、その向かいに処置室。
廊下の先には住居へ続くと思われる、木製の扉がある。
その扉の前に、なにかがいた。
子熊ほどの大きさの影が、床で微《かす》かに動いている。
——熊なら、まずい。子熊だとすれば、近くに親熊のいる可能性がある。
遠藤さんは微動だにせず、神経を尖らせ、耳を澄ます。が、音は何もしない。
音はしないが、火薬のような臭いに気がついた。
熊らしき生き物は、未だその場から移動しない。

ずりっ……ずずっ……ず……

薄暗い中、目を凝らす。
暗闇に目が慣れてくると、遠藤さんは悲鳴を上げそうになった。
そこにはモンペ姿にほっかむりをした老婆がいた。
頭と腕をベタリと床につけ、足腰で前進しようと、もがいている。
ふしばった手指が、何かを探すように床の上で蠢《うごめ》いている。
異常な光景におののき、逃げようと足を動かす。
後ろに一歩、後ずさりしようとした時。
パキンッ
静寂の中、小枝が割れる音が響く。
音を聞いてか、老婆は遠藤さんへと動き出した。這ったまま、じりじりと。
かすかに、声のようなものが耳に入った。

「薬……クスリィ……」

目の前のおぞましい存在から微かに聞こえる、すすり泣くような声。
もしかしたら、立っていられないほどの酷い怪我なのかもしれない。
先ほどから感じる火薬の匂い。それに混ざる鉄の匂い。
老婆の服装は汚れている。おそらく、血と土だろう。

「孫に……薬をォ……」

脳裏に、戦前からある診療所という言葉が浮かぶ。
間違いなく生きている存在ではない老婆。
そこから込み上げるような悲しみを感じた。
「もうすぐ、先生が来ますから！」
思わず、遠藤さんはそう叫んだ。
そして、腰につけていた懐中電灯を、老婆に向け、照らした。
そこには、黄ばんだタイルと落ち葉があるだけだった。

六月　怪談最恐戦朗読部門〈グランプリ受賞者：１３６〉

滲む写真

原作：梨

　これは、宮崎県に住む大学生のＫさんから聞いた話である。

　彼は大学入学を機に一人暮らしを始めたのだが、幾つかの不動産屋を回った結果、賃貸のワンルームアパートを借りることとなった。お世辞にも綺麗な内装とは言えなかったが、家賃の安さとアクセスの良さが決め手となったという。

「それで、三年ぐらい暮らしてるんですけどね。住み始めてちょうど一週間ぐらい経った頃かな、家で変なものを見つけたんですよ」

　それは、午後二時ごろ、買い出しに行こうと家を出たときのことである。最寄りのバス停に向かって一分ほど歩いたところで、彼は家にスマートフォンを忘れた事に気付いたという。ベッド近くのコンセントで充電したまま、置き忘れている。

バスが来るまでには時間的余裕もあったため、彼は一旦家に帰ることにした。

「でも、さっき言った通り僕の家ってワンルームだから、つまりは玄関から数歩ぐらいの距離なんですよスマホまでは。だから、玄関まで来た時に、わざわざ靴を脱ぐのが面倒になって」

こう、わかりますかね。

彼はそう言いながら、目の前のテーブルの上に両方の手のひらをぺたりと付けた。

「靴を履いたまま靴底を床につけないように、四つん這いみたいな恰好でスマホまで向かったんですよ。両手足を、というか両手両膝をぺたぺたフローリングの床につけながら」

そして、あと一回ずつ両膝を動かせばベッドまで到達する、というところまで這ったところで、ずるりと右手が滑ったのだという。右の手のひらには水っぽい感触が伝わり、彼はそこで反射的に右手の方向を見た。すると。

そこには一枚の写真が落ちていた。

「誰の顔かもわからない、古びた女の子の白黒写真です。顔の部分は滲んだようになっていて、僕の手のひらには、黒い染みが付いていていました」

インクか何かだと、最初は思ったんですけどね。彼はそう続けた。

「それが何なのかは、今もわかりません。僕の手にへばり付いたそれは、べたべたしてて、中々取れなくて、そして何故か、かすかに白粉《おしろい》のにおいがしました」

それから彼は、家の至る所で、その写真を見つけるのだという。

必ず、その写真に写る女の子の顔部分はもやもやと滲んでいて、そこに触れると、彼の指には黒い何かがへばり付くのである。

「見つけるたびに、その滲み方が強くなってるのが分かるんですよね。手の感触と、手にへばりつくそれの色と、においと」

その後、彼は契約した不動産業者などに連絡してみたものの、不法侵入の形跡は勿論、そのアパートに纏《まつ》わる曰く因縁なども、特に見つからなかったそうだ。

最終的に、初めてそれを見つけてから一ヶ月ほどが経った頃、その写真が出てくることはなくなったのだという。

「だから、なんでその写真が僕の家に出たかよりも、なんでその写真が出なくなったかの方が気になりますね。あの子いま、どこで何してるんでしょうね——いえ、会いたいとは思いませんけど」

収録出演者プロフィール

いつでも丑三つ時（いつでもうしみつどき）
静岡在住。怪談師。3年連続で怪談最恐戦に出場。キャッチフレーズは「あなたにいつでも丑三つ時をお届けします。」

伊藤えん魔（いとう・えんま）
地獄の魔王の名を背負い、舞台一筋三十年。巨体と低音ボイスを駆使して王道怪談を突き進む演劇人。シュールなギャグや妖しい人物を演じれば、他に比類なき怪優。

インディ（いんでぃ）
怪談師ユニット「ゴールデン街ホラーズ」のメンバーとして、怪談イベントを運営。自らもバーの客から聞いた話や、海外放浪時の体験・収集した話を披露している。

クダマツヒロシ（くだまつ・ひろし）
「普通の男が一番怖い。」

ごまだんご（ごまだんご）
YouTube登録者数一〇万人を超える怪談界のニューウェーブ。共著に『Horror Holic School 怪奇な図書室』。過去二回怪談最恐戦に出場している。

匠平（しょうへい）
北海道江別市出身。怪談師としてデビューしてから、これまで七二〇〇ステージ以上、怪談を語っている。三年連続で怪談最恐戦に出場。著書に『北縁怪談』『北縁怪談 札幌編』など。YouTubeチャンネル『匠平のやりたいことやるチャンネル』が好評。

スズサク（すずさく）
北海道釧路市出身。お笑い芸人にして本格派怪談師。二〇二〇年五月自身初の怪談DVD「怪奇蒐集者 スズサク」発売。Instagramで『5秒怪談』を発信している。

田中俊行（たなか・としゆき）
オカルトコレクター。幼少の頃より奇怪な物や怪談話が好きで集めはじめる。独特の口調と表情から醸し出される怪談の数々は要必聴。四年連続で怪談最恐戦に出場。

チカモリ鳳至（ちかもり・ふげし）
怪異民話収集家。北陸を中心に怖い民話や土地にまつわる怪談をフィールドワークで収集している。

長州小力（ちょうしゅう・こりき）
人気プロレスラー・長州力のものまねでおなじみのお笑いタレント。お笑い界きっての怪談好き。著書に『キレてないですよ。』など。

怪談マンスリーコンテスト執筆者プロフィール

雨森れに（あまもり・れに）
信濃出身、東京在住。楽しく飲み歩いていたが、コロナ禍でステイホームに。暇に耐えきれず、なんとはなしに筆を持ったところ、怪談と物語が集まってきた。それらが紙魚に食べられる前に捕まえるつもり。

卯ちり（うちり）
秋田県出身。二〇一九年より実話怪談蒐集を開始し、怪談最恐戦二〇一九東京予選会出場をきっかけに怪談語りも平行して活動。『怪談のシーハナ聞かせてよ。第弐章』出演ほか、共著に『呪術怪談』。

緒音　百（おおと・もも）
佐賀県出身。怪談や奇談に慣れ親しんで育った。大学時代に民俗学を専攻し語り継ぐことの楽しさに目覚める。参加共著に『実話怪談　犬鳴村』『実話怪談　樹海村』『鬼怪談　現代実話異録』『呪術怪談』がある。

ハニートラップ梅木（はにーとらっぷ・うめき）
心霊スポットソムリエ。お墓。怪談番組などちょっぴり出演。心霊怪談ＹｏｕＴｕｂｅ『水曜日の怪談』ラジオトーク『夜の公民館』を配信中。

村上ロック（むらかみ・ろっく）
俳優として白石晃士監督作品に多数出演。現在は、怪談師として新宿歌舞伎町にある怪談ライブバー・スリラーナイト歌舞伎町に出演。モヒカン頭に学生服という一風変わった出で立ちの語り手。共著に『実話怪談　犬鳴村』『現代怪談　地獄めぐり　羅刹』など。

夜馬裕（やまゆう）
三代目怪談最恐位。全国各地を巡りながら、四半世紀集め続けた怪談は一〇〇〇以上。怪談、猫、映画、酒場巡りがライフワーク。著書に『厭談　祟ノ怪』、共著に『高崎怪談会　東国百鬼譚』『現代怪談　地獄めぐり　業火』『瞬殺怪談　死地』など。

吉田猛々（よしだ・もうもう）
普段はナナフシギというコンビで活動し、舞台では漫才、ＹｏｕＴｕｂｅでは怪談やオカルトに関するトピックを発信している。

菊池菊千代（きくち・きくちよ）
岩手県在住。参加共著に『実話怪談 犬鳴村』『怪談最恐戦２０２０』。趣味は映画鑑賞で、今年のベストは『花束みたいな恋をした』か『ＤＵＮＥ砂の惑星』で悩み中。ホラーの年間ベストは『プラットフォーム』。

月の砂漠（つきのさばく）
都内在住の放送作家・劇作家。趣味は落語鑑賞と寺社仏閣巡り。血圧と尿酸値が少々高めの恐妻家。第四回「上方落語台本大賞」で大賞を受賞。参加共著に『実話怪談 犬鳴村』『実話怪談 樹海村』等。

梨（なし）
ライター。共同怪奇創作サイト「ＳＣＰ財団」、Ｗｅｂメディア「オモコロ」等で活動中。

墓場少年（はかばしょうねん）
愛媛県在住。少年とは名ばかりで、完全体の中年です。実話怪談収集執筆を趣味としていますが、怖がりなので毎回「聞くんじゃなかった」と後悔してます。いつかは長編ホラー小説を書きたいと思っています。猫が好き。

ふうらい牡丹（ふうらいぼたん）
大阪在住。普段は落語家をしておりますが、実話怪談については話すよりも書く方が好きです。共著に『怪談四十九夜 荼毘』『実話怪談 樹海村』。

丸太町小川（まるたまち・おがわ）
京都と九州某所を拠点にフィールド・レコーディングや音響構成に取り組む傍ら、ヴァナキュラーな怪異を求めて身近の奇談・怪談を収集中。参加共著に『実録怪談最恐事故物件』、『呪術怪談』。

三上りょう（みかみ・りょう）
福岡拠点の短歌作家。好きなものは猫と紅茶と格闘技。怖い話や不思議な話をモチーフに短歌を詠むほどのオカルト好きでもある。怪談ユニット・宵闇からの猫としても活動中。

夕暮怪雨（ゆうぐれかいう）
怪談好きの書店員。執筆業の父と漫画家・伊藤潤二から大きく影響を受ける。ＹｏｕＴｕｂｅにて夕暮兄弟名義、弟の血雨《けつう》と怪談朗読動画を配信。サウナと猫を愛す男。最恐賞以外に、別名義で佳作も受賞。

怪談最恐戦2021

2021年12月6日　初版第1刷発行

編者……………………………………………………… 怪談最恐戦実行委員会
デザイン・DTP ……………………………………… 荻窪裕司(design clopper)

発行人………………………………………………………………… 後藤明信
発行所……………………………………………………………… 株式会社 竹書房
〒102-0075　東京都千代田区三番町８－１　三番町東急ビル６F
email：info@takeshobo.co.jp
http：//www.takeshobo.co.jp
印刷所……………………………………………………… 中央精版印刷株式会社